これからの介護・福祉事業を担う経営“人財”

介護福祉経営士テキスト

基礎編 I

第3版

介護福祉政策概論

介護保険制度の概要と課題

和田　勝

監修　一般社団法人日本介護福祉経営人材教育協会

JMP 日本医療企画

「介護福祉経営士」への期待

　介護保険制度は、わが国の第5番目の社会保障制度として、平成12（2000）年4月から実施されました。筆者は、国会提出に向け法案作成の政策担当事務局長として、この制度の創設に携わりました。当時は間近に迫った超高齢社会を支えるために、新しい介護のあり方について財源構成を含めたさまざまな議論が行われ、「自立支援」の基本理念の下で「措置から契約へ」、「家族が支える介護から社会が支える介護へ」について社会的合意が得られ、新しい制度が誕生したのです。

　創設から21年が経過し、社会経済情勢の変動や利用者の個別のニーズの変化に対応するため、数次の制度改正が行われました。現在、介護保険サービスは質・量ともに大きく改善向上し、超高齢社会を支える大切な社会基盤（インフラ）となっています。

　介護保険制度では、サービスの供給主体を民間に開放したことも大きな特徴です。介護サービス事業者は、利用者の視点に立って多様な利用者ニーズや社会環境の変化に適切に対応し、また、介護保険制度改正に柔軟に対応しながら、利用者に「質の高いサービス」を安定的に提供することが求められます。

　そのような環境のなかで、介護福祉の分野においても、「経営（マネジメント）」の重要性が一層強く認識されるようになってきました。マネジメントとは、『方針を定め組織を整えて、目的を達成するよう持続的に事を行うこと』（「大辞林第二版」）とされていますが、筆者は介護福祉におけるマネジメント、つまり「介護福祉経営」とは、おおよそ次のようなものであろうと考えます。
①要介護高齢者の自立支援のために介護サービスを効果的に提供

　マネジメントは、その組織体の使命・目的を実現するために存在します。逆にいえば、マネジメントが適切に行われなければ、自らの理念・理想を実現することができません。公共性の高い介護福祉サービスの分野における事業は、「収益をあげる」ことが使命ではなく、要介護高齢者の自立支援という基本の理念を適切かつ効率的に実現することが必要です。
②介護サービスを担う人材の育成・活用により、事業を継続的かつ安定的に営むこと

マネジメントとは、仕事を通じて働く人たちを活かすことです。「介護」という仕事を通じて生活の糧を得るだけではなく、人・コミュニティとの絆を手にし、自己覚知・自己実現を図ることができます。そのためには、働く人を活かす組織の風土を醸成することが重要になってきます。

③地域の社会が抱く課題の解決に寄与

介護サービスは、地域の実情によってその必要性の程度や内容が変わりますし、また、雇用の創出、医療提供体制との連携など地域社会の安定と発展に大きなかかわりがあります。介護のマネジメントにより介護サービスの適切かつ効果的な提供が行われることを通じて、日本社会の直面している課題の解決に貢献することができます。

この介護福祉経営士テキスト全21巻を通じ、介護福祉経営とはどのようなものであるかについて、基礎的な知識・理論から、実践的な実務応用・各論まで広く修得していただけると思いますが、本書はその第1巻として、介護福祉サービスの根本となる「介護保険制度」について概論的に記述しました。全体を10章で構成し、第1章から第3章では、介護保険制度を総論的に紹介しています。第4章から第9章は、介護保険制度の仕組みを各論的に紹介し、第10章では、現在、介護保険制度が直面している課題と今後の方向性についてまとめました。

介護福祉経営士を目指す皆様には、本書を通して介護保険制度がどのような背景から生まれ、現在どのような状況にあるのか、そして今後どうなっていくのかという大きな流れを理解していただき、その流れのなかで自らが果たす役割について、しっかりと見定めていただきたいと思います。介護福祉経営士という新しい資格が、これからの介護福祉分野を支える一翼を担うことを願っています。

和田　勝

CONTENTS

第 **1** 章
介護保険制度の目的と意義

© iMAGINE - Fotolia.com5

わが国の社会保障

1 憲法と社会保障

　日本においては、国民の共同連帯の理念に基礎を置き、貧困や窮迫の状態に陥ることを予防する仕組みである社会保険方式を基本とした社会保障体制がとられています。医療保険、年金保険、労災保険、雇用保険に、平成12（2000）年からは介護保険も加わって、現在、5つの社会保険制度が実施されています。

　昭和22（1947）年に施行された日本国憲法では、国民主権、平和主義、基本的人権の尊重を基本としていますが、基本的人権に関して次のように定めています。

> 第11条（基本的人権）
> 　国民は、すべての基本的人権の享有を妨げられない。この憲法が国民に保障する基本的人権は、侵すことのできない永久の権利として、現在及び将来の国民に与へられる。
> 第12条（自由及び権利の保持義務と公共福祉性）
> 　この憲法が国民に保障する自由及び権利は、国民の不断の努力によつて、これを保持しなければならない。又、国民は、これを濫用してはならないのであつて、常に公共の福祉のためにこれを利用する責任を負ふ。
> 第13条（個人の尊重と公共の福祉）
> 　すべて国民は、個人として尊重される。生命、自由及び幸福追求に対する国民の権利については、公共の福祉に反しない限り、立法

その他の国政の上で、最大の尊重を必要とする。

第14条（平等原則）

　すべて国民は、法の下に平等であつて、人種、信条、性別、社会的身分又は門地により、政治的、経済的又は社会的関係において、差別されない。

第25条は、社会保障に関する基本の規定となっています。

第25条（生存権及び国民生活の社会的進歩向上に努める国の義務）

　すべて国民は、健康で文化的な最低限度の生活を営む権利を有する。

2　国は、すべての生活部面について、社会福祉、社会保障及び公衆衛生の向上及び増進に努めなければならない。

　この第25条第2項中の「社会保障」とは、「社会保険」制度のことを指している、と理解されています。その趣旨は、昭和25（1950）年に社会保障制度審議会から内閣総理大臣に対して行われた勧告のなかに明記されています。

　また、第89条では、公の財産の用途制限を規定しており、公の支配に属しない慈善・博愛の事業に対して、公金その他の公の財産は支出したり、その利用に供してはならないと定められています。この規定の趣旨を受けて「社会福祉法」が制定されており、「公の支配」に属したものとするよう、社会福祉法人・社会福祉事業について種々の規制措置が講じられています。

第89条（公の財産の用途制限）

　公金その他の公の財産は、宗教上の組織若しくは団体の使用、便益若しくは維持のため、又は公の支配に属しない慈善、教育若しくは博愛の事業に対し、これを支出し、又はその利用に供してはならない。

2　介護福祉の政策・制度の展開

　明治7（1874）年の「恤救規則」がわが国最初の公的扶助制度です。高齢者については、近隣住民や親族等による「隣保相扶」が基本とされ、身寄りがなく重病や老衰で困窮している70歳以上の者に米を1年に1石8斗支給する、とされていました。

　明治20年代の後期になると、民間の慈善事業により「養老院」が設置されるようになりました。昭和4（1929）年に、公的責任により生活扶助を行う「救護法」が制定され、65歳以上の生活困窮者、身寄りのない者が救護対象にされました。

　戦後の保健・医療・介護・福祉制度の歩みは、次のような時代区分でまとめられます。

⑴　昭和20年〜36年　　生活保護法による救貧対策の時代
⑵　昭和37年〜47年　　老人福祉法による介護サービスの曙の時代
⑶　昭和48年〜57年　　老人医療費無料化の時代
⑷　昭和58年〜平成11年　老人保健法・老人福祉法、ゴールドプランによるサービス基盤整備の時代
⑸　平成12年〜　　　　　介護保険法の時代

（1）生活保護法による救貧対策の時代
　　（昭和20年〜36年）

　第二次世界大戦の敗戦直後、生活困窮者の救済が最重要課題となり、昭和21（1946）年に旧・生活保護法が制定され、国の責任で貧困者の保護救済を行うとされましたが、保護の水準が不明確であったり、素行不良者除外等について欠格条項が規定されるといった制約がありました。

　昭和22（1947）年5月3日に施行された「日本国憲法」は、前記のように基本的人権の尊重（第11条）、幸福追求の権利（第13条）、法の下の平等（第14条）、社会的生存権（第25条）等に関する規定を明

記しています。この日本国憲法の理念の下で、児童福祉法(昭和22年)・身体障害者福祉法(昭和24年)・生活保護法(昭和25年)の、いわゆる「福祉三法」が制定され、わが国の社会保障体制の整備が進められることになりました。

　この時代の福祉制度は、要保護児童、身体障害者、無所得・低所得者という、緊急に保護救済を必要とする者を対象とした対策に限定されていました。無所得・低所得の高齢者については、生活保護法に基づき福祉事務所は「職権」で、保護施設の1つである養老施設(養老院)へ収容保護することとされました。高齢者福祉は、独立した法体系の下ですべての高齢者を対象とするのではなく、生活保護制度による貧困対策の枠の範囲にとどまる形でスタートしたのです。

(2) 老人福祉法による介護サービスの曙の時代
(昭和37年〜47年)
①老人福祉法の制定

　昭和30年代に入ると日本経済も戦前の水準に回復し、昭和36(1961)年には「国民皆保険・国民皆年金体制」がスタートしました。しかし、高度経済成長が進むなかで、高齢者の心身の特性、家族形態や地域社会の変化に対応して、救貧・保護対策にとどまらず、高齢者の心身や生活実態の変化を踏まえた生活支援に関する総合的な立法を求める世論が高まってきます。

　その世論を受けて、昭和38(1963)年に「老人福祉法」が制定されました。高齢者は、貧困者対策の範疇ではなく、同法第2条に規定されているように「多年にわたり社会の発展に寄与してきた者として、かつ、豊富な知識と経験を有する者として敬愛されるとともに、生きがいを持てる健全で安らかな生活を保障されるもの」とされました。単なる貧窮者の保護救済対策にとどまることなく、広く一般国民を対象とした福祉法制として位置づけられた点で画期的な意義を有するものです。

　制度の基本的な構造は、

　　・公費を財源

　　・「行政処分」という性格を持つ「措置制度」に基づく利用決定

　　・「応能負担」の仕組み

　によるものであり、低所得層以外の者にとっては利用しにくい実態
がありました。

②老人福祉施設の制度化

　老人福祉施設が新たに制度化され、特別養護老人ホーム、養護老人
ホームと、軽費老人ホームという3つの類型が設けられました。従来
の養老施設は貧困高齢者を対象とする「養護老人ホーム」に移行しま
した。常時寝たきりで介護が受けられない高齢者を対象とする「特別
養護老人ホーム」(特養)への入所にあたっては養護老人ホームの場合
のような「所得要件」は設けられていません。地方公共団体のほかに、
社会福祉法人は、都道府県知事の「許可」を受けて老人福祉施設を開
設することができます。

　しかし、特別養護老人ホームと養護老人ホームの2施設は「措置制
度」の対象施設であり、利用決定は行政(機関)が「職権」で行うこと
とされました。特別養護老人ホームの利用にあたっては、無所得・低
所得の者に限るという所得要件はなくなりましたが、所得額によって
一部負担の額が異なる「応能負担」の仕組みがとられ、中高所得層に
は負担が大きいために利用者の実態は低所得層に偏っていました。ま
た、養老院時代の施設イメージがあるために利用をためらうといった
実態も広くみられました(福祉の「スティグマ」とよばれています)。

　特別養護老人ホームと養護老人ホームのほかに、老人福祉施設の一
つの類型として、「軽費老人ホーム」が制度化されました。ある程度
の所得のある高齢者が施設との直接の「契約」によって安価な費用負
担で利用できる施設で、その設置主体は公立または社会福祉法人とさ
れました。

　そのほか、老人福祉施設ではない施設として「有料老人ホーム」も
制度化されました。これは都道府県知事への「届出」で開設できる施

設とされ、株式会社などの営利法人もその設置主体になることができます。

③訪問介護サービス

　訪問介護サービスは、「老人家庭奉仕員派遣事業」という形で昭和33（1958）年ごろから一部の地方自治体で行われていました。昭和37（1962）年に国庫補助事業として制度化され、翌38（1963）年の老人福祉法の制定により老人家庭奉仕員に関する規定が設けられました。

　当初、派遣対象は生活保護受給世帯に限定されていましたが、その後、生計中心者が所得税非課税の低所得家庭に拡大され、さらに昭和57（1982）年には、所得税課税世帯にも有料（所得額の段階に応じ無料～定額の応能負担制）で派遣できることとされました。

　当時の老人家庭奉仕員によるサービス内容は、調理・洗濯・掃除などの「家事援助」サービスが主体となっており、入浴介助や清拭といった「身体介護」サービスは不十分な実態がありました。なお、昭和42（1967）年には、派遣対象に障害者が追加されています。

　平成元（1989）年には、市町村による訪問介護事業の委託先として、特別養護老人ホームや「在宅介護サービスガイドライン」（昭和63年策定）に適合する民間事業者も新たに追加されました。

（3）老人医療費無料化の時代
　　（昭和48年～57年）

①老人医療費無料化

　昭和30年代後半に入ると、高度経済成長によって生活水準が向上し、国民皆保険の体制実施、医療供給体制の整備がすすめられ、結核などの感染症に効果を発揮した抗生物質などの新薬も広く利用されるようになりました。これらにより平均寿命も著しく伸長し、昭和45（1970）年には65歳以上人口比率（高齢化率）が7％台に達し、「高齢化社会」に入りました。しかし、介護サービスの基盤整備が立ち遅れ、高齢者介護など福祉問題が深刻化してきたことから、昭和46（1971）

年には「社会福祉施設緊急整備5カ年計画」が策定されています。

　「福祉元年」と呼ばれた昭和48（1973）年には、老人福祉法改正により、70歳以上高齢者の受診時の自己負担を公費で負担し無料化する「老人医療費無料化」が始められました。これにより老人医療費は急増し、社会的長期入院、薬漬け・検査漬け医療、はしご受診など、高齢者医療のひずみが拡大していきました。同年秋の石油危機を契機に高度経済成長が終焉し低成長時代に入ると、医療費と公費や保険料の負担力との間のギャップが広がり、医療保険財政の改革は喫緊の課題とされ、このような高齢者の心身にとって不適切で過剰な医療の是正が大きな社会問題となりました。

②在宅介護の3本柱

　福祉分野では「施設機能の地域開放」、在宅介護サービスが強調されるようになり、「ショートステイ事業」（昭和53（1978）年）、「デイサービス事業」（昭和54（1979）年）、「老人家庭奉仕員事業」（ホームヘルパー派遣：昭和37（1962）年～）を在宅介護の3本柱として位置づけられ拡充が進められるようになりました。

　デイサービス事業は、在宅の要介護高齢者にデイサービスセンターや老人福祉センター等に通所してもらい、入浴・食事・日常生活動作訓練・生活指導・家族介護教室等のサービスを提供するものです。

　昭和54（1979）年から通所サービス事業が、昭和56（1981）年からは在宅の要介護高齢者を訪問して入浴・給食等の在宅サービスを行う事業が実施されました。昭和61（1986）年には通所と訪問の両事業が統合され、在宅老人デイサービス事業として再編成されました。

　　・基本事業：生活指導、日常生活動作訓練、養護、家族介護者教室、
　　　　　　　　健康チェック、送迎サービス
　　・通所事業：入浴サービス、給食サービス
　　・訪問事業：入浴サービス、給食サービス、洗濯サービス

　介護保険制度の実施を間近に控えた平成10（1998）年からは、事業指針に適合する民間事業者に対して市町村が事業を委託することが

認められるようになりました。

（4）老人保健法とサービス基盤整備の時代
　　（昭和58年〜平成11年）

①老人保健法制定

　昭和58（1983）年2月に施行された「老人保健法」は、高齢者の心身の特性にふさわしい医療を、国民みんなで負担し支えることを目的としています。その柱は、次の3点です。

i　老人医療費の有料化：受診時における低額の「定額負担」の導入
　外来：月の初めに400円（1回限り）
　入院：1日300円（2カ月間だけ）

ii　「老人保健拠出金」制度の導入：医療保険者の共同事業として全ての保険者が加入者数に応じて老人医療費を公平に負担する仕組み
　　当初は、加入者按分率、医療費按分率はそれぞれ50％を原則としていましたが、毎年度の老人保健拠出金額の伸び率は、老人人口増加率を上限とされていました。昭和61（1986）年の老人保健法改正により、加入者按分率が100％に引き上げられ、上限も撤廃されました。

iii　40歳以上の者を対象とする「老人保健事業」の創設（健康教育、健康相談、健康診査、機能訓練等）

②長寿社会対策大綱

　昭和61（1986）年に「長寿社会対策大綱」が閣議決定されました。この大綱は、
　　・経済社会の活性化を図り活力ある長寿社会を築く
　　・社会連帯の精神に立脚した地域社会の形成を図り、包容力のある長寿社会を築く
　　・生涯を通じて健やかな充実した生活を過ごせるよう、豊かな長寿社会を築く
ことを目指して、雇用・所得保障システム、健康・福祉システム、学

習・社会参加システム、住宅・生活環境システムの構築に向けて総合的な長寿社会対策を進めるというものです。

また、昭和61（1986）年の老人保健法改正により、施設サービスと在宅サービス、医療サービスと福祉サービスの中間的な機能と役割をもつ施設として「老人保健施設」が創設され、リハビリテーションによる早期の在宅復帰を目的としました。昭和62（1987）年からのモデル事業を経て翌年から本格的に実施されました。

老人保健施設は、医師やリハビリテーション専門職を必置とし、軽度の医療・看護・医学的管理の下での介護および機能訓練を行います。維持期における生活リハビリテーションおよび日常生活サービスの提供により、介護予防、要介護高齢者の日常生活動作能力（ADL）の改善、在宅生活への復帰および継続を図り、生活の質の向上に貢献することを基本的な機能としています。

③ゴールドプラン

平成元（1989）年に消費税（税率3％）が導入されました。その際、その使途をめぐって大きな論議があり、政府は「高齢者保健福祉推進10カ年戦略（ゴールドプラン）」を策定しました。ゴールドプランは、平成2（1990）年度から平成11（1999）年度までの10年間に、数値目標を定めて介護サービス基盤の整備を計画的に進め、その財源に消費税収を充てるというものです。

在宅サービスについては、ホームヘルプサービス、デイサービス、ショートステイを3本柱とすることが確認され、また、特別養護老人ホーム、老人保健施設等の施設サービスの整備（数値）目標が設定されました。

> ゴールドプランの平成11（1999）年度数値目標
> ・ホームヘルパー（10万人）、ショートステイ（5万床）、デイサービスセンター（1万カ所）、在宅介護支援センター（1万カ所）
> ・特別養護老人ホーム（24万人分）、老人保健施設（28万床）、ケアハウス（10万人分）

　なお、「ケアハウス」とは、要介護状態になっても生活継続が可能となるように施設設備の構造等を改善整備した軽費老人ホームのことをいいます。

④介護福祉士制度

　平成2（1990）年の福祉関係八法改正により、「家庭奉仕員」という呼称は廃止され「ホームヘルパー」、「訪問介護員」と呼ばれるようになりました。また、昭和63（1988）年には、「介護福祉士」、「社会福祉士」の国家資格制度が創設され、高齢者介護の専門職の養成と確保対策が進められる体制となりました。

　介護福祉士制度は、介護福祉士登録をしていない者が介護福祉士の名称を用いて介護サービス業務を行うことを禁止する、いわゆる「名称独占」の資格制度です。介護福祉士制度のスタートは、専門職の養成施設の拡充を促しました。

　これらは介護サービスの性格が単なる家庭機能の補完、家事援助のためのサービスから、高齢者の個別性を重視した自立支援のための身体介護へと大きく変わっていったことを示しています。

　介護福祉士制度については、有資格者の増加に伴って介護サービス業務の質の向上が課題となり、平成12（2000）年に養成施設の教育課程が改正され、教育時間数が1,500時間から1,650時間に、さらに平成21（2009）年には1,800時間以上引き上げられました。

⑤福祉関係八法の改正

　平成2（1990）年に、社会福祉事業法、老人福祉法等の福祉関係八法の改正が行われました。この改正は、次の3点を大きな柱とするものです。
・福祉行政の権限を「市町村」へ移譲・一元化
・福祉・保健の行政に関する「計画」策定を導入
・在宅サービスを拡充
　それ以前は、特別養護老人ホームの入所に関する措置権は、市の住

民については市長が、町村部の住民については都道府県知事が有していましたが、この改正によりすべて市町村長が一元的に行うこととなりました。また、すべての市町村に対し、福祉と保健のサービスについての「老人保健福祉計画」を一体的に策定することが義務づけられました。

　介護サービスに対する国の負担・補助の仕組みも、この時代に変化しました。社会福祉の措置制度における国庫負担率は、昭和60（1985）年にそれまでの8割から7割に、昭和61（1986）年以降は、生活保護（7割）を除いて原則5割が上限となりました。

　なお、「寝たきり老人ゼロ作戦」の下で、機能訓練等の推進、脳卒中情報システムの整備、保健婦・看護婦等の在宅介護指導員の配置等が進められました。

（5）介護保険法の時代
（平成12年〜）
①21世紀福祉ビジョン

　平成元（1989）年にゴールドプランがスタートして介護サービスの基盤整備が進められるようになりました。しかし、その直後の平成2（1990）年2月にバブル経済が崩壊し、株価の暴落・企業業績の悪化・税収の激減・財政の悪化が深刻になり、その結果、費用増加が続く社会保障制度に対する財政面での制約が強まりました。

　平成5（1993）年8月、自民党の長期政権が崩壊し、8党連立の細川護熙内閣が発足し、翌年2月には、消費税率を3％から7％に引き上げ、その全額を福祉目的に充てる「国民福祉税」構想を打ち出しました。しかし、与党内の反発等もあり撤回に追い込まれ、これが引き金となって、同年4月に細川内閣は8カ月余りの短命で退陣しました。

　このことを契機に、社会保障の安定した運営のための財源確保の必要性が改めて強く認識されるようになりました。他方、老人医療費の増大に伴い「老人保健拠出金」の負担も重くなり、健康保険組合連合会・経済界・労働界などから老人保健拠出金の負担方法の見直しなど

軽減策が求められましたが、市町村国民健康保険からの反対も大きく、制度改正の展望が開けないまま推移しました。

　細川内閣の大内啓吾厚生大臣は、平成5年8月に「高齢社会福祉ビジョン懇談会」を設置し、翌年3月に「21世紀福祉ビジョン」がまとめられました。21世紀福祉ビジョンでは、社会保障費の配分について「年金5割：医療4割：福祉1割」という現状を、EU諸国のように福祉の比重を高めて「年金5：医療3：福祉2」とする方向で改革し、新ゴールドプランの策定と併せて、「新たな高齢者介護システムの創設」を図る方針を打ち出しました。

②高齢者介護・自立支援システム研究会

　平成6（1994）年6月に、村山富市社会党委員長を総理に「自・社・さ」3党による連立政権が発足しました。

　厚生省の高齢者介護対策本部（事務局長、審議官和田勝）は、同年7月に「高齢者介護・自立支援システム研究会」を設置し、12月には報告書がまとめられました。この報告書は自立支援を基本理念に、介護に関する医療・福祉の既存制度を再編成し、高齢者自身がサービスを選択することを基本にする新たな制度創設を提言したものです。

　平成7（1995）年に入ると、老人保健福祉審議会を中心に関係審議会で検討が進められ、翌年4月に最終報告「高齢者介護保険制度の創設について」が取りまとめられました。この老人保健福祉審議会報告では、新たな制度は、
　・社会保険方式によること
　・公平で利用しやすいこと
　・高齢者自らのサービス選択に基づく契約の方式によること
　・高齢者自身に適切な負担を求めること
　・現役世代の支援を組み込むこと
　等とされ、「措置制度」の考えはとらないとしています。

③基盤整備の促進

　市町村は、老人保健福祉計画を策定することとされたことに伴い、実態調査を進め介護サービスの必要な整備量が明らかになりました。そこで政府は、各市町村が策定した老人保健福祉計画に掲げられた目標値を踏まえて、ゴールドプランの中間年にあたる平成6（1994）年に、後半5年間（平成7年度～平成11年度）を対象とした「新ゴールドプラン」が策定され、整備・確保の数値を大幅に引き上げることになりました。

　その基本理念として、
　・利用者本位・自立支援
　・普遍主義（所得の高低にかかわらず、支援が必要な人に対して介
　　護サービスを提供）
　・総合的なサービスの提供
　・地域主義（市町村中心）
　の4点が掲げられました。

　平成元（1989）年度から平成11（1999）年度までの介護基盤整備の目標と達成状況は、**図表1-1**のとおりです。

　高齢者を中心に国民の期待感は強く、また、市町村側の体制も次第に整い、介護サービスのインフラ整備が進み、当初あった「保険あって介護なし」となることに対する懸念や不安も次第に鎮静化し、平成12（2000）年4月、介護保険制度の円滑なスタートを迎えることができました。

　介護保険制度が実施されたことによって介護サービスのニーズが顕在化し、サービス利用者数は増加、サービス利用率も上昇しました。これに対応すべく介護サービスの基盤整備も進められてきましたが、今後、急速に高齢化率が上昇する首都圏等の都市部における特別養護老人ホーム等の施設整備による入所待機者問題の解消、サービスの質の向上や介護予防対策の拡充、増大する介護サービス費の財源確保などが課題となっています。

図表1-1 ●新・高齢者保健福祉推進10カ年戦略（新ゴールドプラン）の進捗状況

<table>
<thead>
<tr>
<th colspan="2"></th>
<th>平成2年度予算</th>
<th>平成7年度予算（ ）内は実績</th>
<th>平成8年度予算（ ）内は実績</th>
<th>平成9年度予算（ ）内は実績</th>
<th>平成10年度予算</th>
<th>平成11年度予算</th>
<th>新ゴールドプランの目標</th>
</tr>
</thead>
<tbody>
<tr>
<td rowspan="5">在宅サービス</td>
<td>訪問介護員
（ホームヘルパー）</td>
<td>35,905人
（＋4,500）</td>
<td>92,482人
（95,578）</td>
<td>122,482人
（118,779）</td>
<td>151,906人
（136,661）</td>
<td>167,908人</td>
<td>178,500人</td>
<td>170,000人</td>
</tr>
<tr>
<td>短期入所生活介護
（ショートステイ）</td>
<td>7,674人分
（＋3,400）</td>
<td>30,627人分
（33,034）</td>
<td>36,727人分
（38,619）</td>
<td>44,834人分
（43,566）</td>
<td>56,802人分</td>
<td>63,000人分</td>
<td>60,000人</td>
</tr>
<tr>
<td>日帰り介護（デイサービス）／
日帰りリハビリ（デイケア）</td>
<td>1,780カ所
（＋700）</td>
<td>8,643カ所
（6,401）</td>
<td>10,322カ所
（7,922）</td>
<td>12,064カ所
（9,616）</td>
<td>15,006カ所</td>
<td>17,150カ所</td>
<td>17,000カ所</td>
</tr>
<tr>
<td>在宅介護支援センター</td>
<td>300カ所</td>
<td>3,472カ所
（2,651）</td>
<td>4,672カ所
（3,347）</td>
<td>6,172カ所
（4,155）</td>
<td>8,564カ所</td>
<td>10,000カ所</td>
<td>10,000カ所</td>
</tr>
<tr>
<td>老人訪問看護事業所
（老人訪問看護ステーション）</td>
<td></td>
<td>1,500カ所
（1,235）</td>
<td>2,300カ所
（1,863）</td>
<td>3,200カ所
（2,559）</td>
<td>4,100カ所</td>
<td>5,000カ所</td>
<td>5,000カ所</td>
</tr>
<tr>
<td rowspan="4">施設サービス</td>
<td>特別養護老人ホーム</td>
<td>172,019人分
（＋10,000）</td>
<td>231,509人分
（233,560）</td>
<td>247,109人分
（249,017）</td>
<td>262,709人分
（262,961）</td>
<td>289,155人分</td>
<td>300,000人分</td>
<td>290,000人分</td>
</tr>
<tr>
<td>老人保健施設</td>
<td>47,811人分
（＋20,000）</td>
<td>165,811人分
（120,298）</td>
<td>191,811人分
（147,243）</td>
<td>220,811人分
（180,855）</td>
<td>249,811人分</td>
<td>280,000人分</td>
<td>280,000人分</td>
</tr>
<tr>
<td>介護利用型軽費老人ホーム
（ケアハウス）</td>
<td>1,700人分
（＋1,500）</td>
<td>30,700人分
（16,893）</td>
<td>38,200人分
（23,326）</td>
<td>51,350人分
（29,529）</td>
<td>73,400人分</td>
<td>83,400人分</td>
<td>100,000人分</td>
</tr>
<tr>
<td>高齢者生活福祉センター</td>
<td>40カ所</td>
<td>240カ所
（186）</td>
<td>280カ所
（204）</td>
<td>320カ所
（227）</td>
<td>570カ所</td>
<td>600カ所</td>
<td>400カ所</td>
</tr>
</tbody>
</table>

（注） 1　平成2年度は、高齢者保健福祉推進10カ年戦略（ゴールドプラン）の初年度における数値（カッコ内は対前年度比）を示す。

　　　 2　訪問介護員については障害者プランで、平成8年度において8,000人、平成9年度において7,500人、平成10年度において8,600人、平成11年度において8,700人（累計32,800人）が上乗せされている。

出典：厚生白書（平成11年版）

図表1-2 ●高齢者保健福祉政策の流れ

年代	高齢化率	主な政策
1960年代 高齢者福祉政策の始まり	5.7% （1960）	1963年　老人福祉法制定 　　　　◇特別養護老人ホーム創設 　　　　◇老人家庭奉仕員（ホームヘルパー）法制化
1970年代 老人医療費の増大	7.1% （1970）	1973年　老人医療費無料化
1980年代 社会的入院や寝たきり老人の社会的問題化	9.1% （1980）	1982年　老人保健法の制定 　　　　◇老人医療費の一定額負担の導入等 1989年　ゴールドプラン（高齢者保健福祉推進十か年戦略）の策定 　　　　◇施設緊急整備と在宅福祉の推進
1990年代 ゴールドプランの推進	12.0% （1990）	1994年　新ゴールドプラン（新・高齢者保健福祉推進十か年戦略）策定 　　　　◇在宅介護の充実
介護保険制度の導入準備	14.5% （1995）	1996年　連立与党3党政策合意 　　　　介護保険制度創設に関する「与党合意事項」 1997年　介護保険法成立
2000年代 介護保険制度の実施	17.3% （2000）	2000年　介護保険施行

出典：厚生労働省資料

2 社会保険制度と社会福祉制度（公費方式）

1 社会保障の方法

（1）北欧・イギリス型と大陸型

　社会保障の方法（政策）は国によって、それぞれの歴史や社会の特性等を反映して大きな違いがあります。大別すると、税を財源とする「北欧・イギリス型」と、ドイツやフランス等のヨーロッパ大陸の国々のように社会保険方式をとる「大陸型」とがあります。

　なお、世界で介護保険制度という独立した制度を実施している国は、ドイツ（1995年）、日本（2000年）、ルクセンブルク（2000年）、韓国（2008年）の４カ国です。また、急速に少子化と高齢化が進んでいる中国においても、現在、2025年の介護保険の全国導入に向けて、約50の地域で試行が行われています。

　公費（税金）を財源として実施される福祉制度、公的扶助（生活保護）は、国などの公的な責任が明確であるといえますが、他方、予算の範囲内でのサービス提供となることからサービス提供基盤の整備が遅れることもあります。また、対象者の所得や資産の程度に応じてサービス利用が制限されたり、利用者の負担額等が定められることが一般的です。このため、制度運営の前提として対象者の資産・収入の把握のための調査（資力調査、ミーンズテスト）が行われることから、利用ニーズのある者でも所得が高いため使えない、心理的抵抗感（福祉のスティグマ）があり使いにくいといった問題が指摘されてきました。

　スウェーデン、デンマーク、イギリスなど公費（税金）による社会保障の仕組みをとっている「北欧・イギリス型」の国では、公費を財

源として高水準のサービスを提供していることから税率も非常に高くなっています（例えば、スウェーデン、デンマークの付加価値税（消費税）の税率は25%です）。

　一方、アメリカは世界一の経済大国ですが、個人の自立性・自助努力や民間部門の活動を重んじ、国が市民生活へ関与することを、最小限にすることを建国の基本理念としていることもあり、公的な社会保障制度、介護保障制度の整備は遅れています。1930年代にF.D.ルーズベルト大統領が「ニューディール政策」の一環としてソーシャル・セキュリティ・アクト（社会保障法）のなかで国民皆保険構想を提案し、また、ジョンソン大統領が「偉大な社会政策」により高齢者医療保障制度（メディケア）を部分的に実現して以来、歴代の民主党政権は国民皆保険の実現を目ざしてきました。オバマ（元）大統領は連邦議会と妥協し不完全ながら医療保険改革法（オバマケア法）を成立することができましたが、18の州で違憲判決を受けました。2012年6月には、アメリカ連邦最高裁判所は医療保険改革法について「合憲」とする判決を言い渡しましたが、トランプ（前）大統領はオバマケア法廃止の政策を打ち出しました。このように、医療保障制度の拡充の是非は、今なお、大きな政治課題となっています。

　そのほか多くの開発途上国では、国の経済力が乏しく高齢化率も低いことなどから、公的な社会保障制度の整備が立ち遅れています。

　主要国の医療保障制度の概要は次ページに示すとおりです。

第1章　介護保険制度の目的と意義

図表1-3 ●主要国の医療保障制度の概要

		日本（2017）	ドイツ（2017）	フランス（2017）
制度類		社会保険方式 ※国民皆保険 ※職域保険及び地域保険	社会保険方式 ※国民の約87％が加入。 ※被用者は職域もしくは地域ごとに公的医療保険に加入。一定所得以上の被用者、自営業者、公務員等は強制適用ではない。 ※強制適用の対象でない者に対しては民間医療保険への加入が義務付けられており、事実上の国民皆保険。	社会保険方式 ※国民皆保険（国民の99％が加入） ※職域ごとに被用者制度、非被用者制度（自営業者）等に加入。（強制適用の対象とならない者：普遍的医療給付制度の対象となる。）
自己負担		3割 義務教育就学前2割 70歳～74歳2割 （現役並み所得者は3割） ※平成26年4月以降に新たに70歳になる者2割。同年3月末までに既に70歳に達している者1割 75歳以上1割 （現役並み所得者は3割） （注）2020年の法改正により75歳以上は原則2割負担に引上げ	・外来：なし ・入院：1日につき10ユーロ（年28日を限度） ・薬剤：10％定率負担（上限10ユーロ、下限5ユーロ）	・外来：30％ ・入院：20％ ・薬剤：35％ （抗がん剤等の代替薬のない高額な医薬品0％、抗生物質など著しい効果の認められる薬剤35％、胃薬等70％、有用性の低い薬剤85％、ビタミン剤や強壮剤100％） ※償還制であり、一旦窓口で全額を支払う必要あり（入院等の場合は現物給付）。2015年成立の保健システム現代化法により、外来等償還払いを原則としていた部分についても、順次医療機関への直接払いを実施。 ※自己負担分を補填する補足疾病保険への加入を2016年より義務化（共済組合形式）。 ※上記の定率負担のほか、外来診療負担金（1回1ユーロ、暦年で50ユーロが上限）、入院定額負担金（1日18ユーロ、精神科は13.50ユーロ）があり、これについては補足疾病保険による償還が禁止されている。
財源	保険料	報酬の10.00％（労使折半） ※協会けんぽの場合	報酬の14.6％ 本人：7.3％ 事業主：7.3％ ※全被保険者共通 ※自営業者：本人全額負担	賃金総額の13.64％ 本人：0.75％ 事業主：12.89％ ※民間商工業者が加入する被用者保険制度（一般制度）の場合
	国庫負担	給付費等の16.4％ ※協会けんぽの場合	被扶養者に対する給付や保険料率の軽減等に対する充当として140億ユーロ（2016）	一般社会拠出金（CSG）：36.0％ 目的税（タバコ、酒等）：15.2％ 国庫からの移転等：1.5％

スウェーデン（2017）	イギリス（2017）	アメリカ（2017）
税方式による公営の保健・医療サービス ※全居住者を対象 ※広域自治体（ランスティングなど）が提供主体（現金給付は国の事業として実施）	税方式による国営の国民保健サービス（NHS） ※全居住者を対象	メディケア・メディケイド ※65歳以上の高齢者及び障害者等を対象とするメディケアと一定の条件を満たす低所得者を対象とするメディケイド ※2014年から医療保険の加入が原則義務化。現役世代は民間保険が中心（67.5%）で、無保険者は8.8%（2016年） ※2015年から企業に対し医療保険の提供を原則義務化。
・外来 　ランスティングが独自に設定プライマリケアの場合の自己負担は、1回0〜300クローナ ※法律による患者の自己負担額の上限は物価基礎額の0.025倍（1,100クローナ(2017)）。各ランスティングはこれより低い額を定めることもできる。 ※多くのランスティングでは20歳未満については無料。 ・入院 　日額上限物価基礎額の0.0023倍（100クローナ(2017)）の範囲内でランスティングが独自に設定 ※多くのランスティングでは18〜20歳までは無料。 ・薬剤 ：物価基礎額の0.05倍（2,200クローナ(2017)）が上限	原則自己負担なし ※外来処方薬については1処方当たり定額負担（8.60ポンド(2017)）、歯科治療については3種類の定額負担あり。 　なお、高齢者、低所得者、妊婦等については免除があり、薬剤については免除者が多い。	・入院（パートA）（強制加入） 〜60日：$1,340までは自己負担 61日〜90日：$335／日 91日〜：$670／日 ※生涯に60日だけ、それを超えた場合は全額自己負担 ・外来（パートB）（任意加入） 年間$183＋医療費の20% ・薬剤（パートD）（任意加入） $405まで：全額自己負担 $405〜$3,750：25%負担 $3,750〜$4,850： 　35%負担（ブランド薬）／ 　44%負担（ジェネリック） $5,000〜:5%負担又は$3.35（ジェネリック）／$8.35（ブランド薬）(2018)
なし	なし ※NHS費用の2割強は、退職年金等の現金給付に充てられる国民保険の保険料から充当されている。	入院（パートA） 　給与の2.9%（労使折半） 　※自営業者は本人全額負担 外来（パートB） $134〜428.6／月（全額本人負担）(2018)
ランスティングの税収（主に住民所得税）を財源として運営 ※わずかであるが、国からの一般交付税、補助金あり。	主に税を財源として運営（NHS費用の約8割）	任意加入保険の収支差を国が負担

3 介護保険制度の創設に至る経緯・背景

　介護保険制度は、平成12（2000）年4月、わが国の社会保障制度の構造改革の第一弾として位置づけられ、医療、年金、労災、雇用に続く5番目の公的な社会保険制度として実施されました。

　この制度が創設された背景には、要介護高齢者等が増加し介護問題が老後生活における最大の不安要因となってきたことに加えて、高齢者に対する医療と介護のサービスは医療制度と福祉制度に分立し、不公平で使いにくいという実態がありました。

　さらに、老人保健制度の拠出金負担をめぐって市町村と被用者保険側との間の利害対立が激しく、拠出金問題の解決が不可避の情勢となっていたことがあります。介護保険制度において採用される新たな仕組みを、老人医療制度の改革における貴重な先例にしたいという思いが、当時の政策担当者に強くあったのです。

1 人口の少子化・高齢化

　平成時代に入ると少子化・高齢化は一層急速に進展し、わが国の社会経済に大きな影響を与えて、社会保障制度や租税・社会保障負担のあり方をめぐる基本的論議を巻き起こしました。

図表1-4 ●高齢者人口の増加の推移

	1980年	1990年	2000年	2010年	2030年	2050年
65歳以上	9.1%	12.0%	17.3%	23.1%	31.8%	39.6%
75歳以上	3.1%	4.5%	7.1%	11.2%	19.7%	24.9%
	（366万人）	（597万人）	（900万人）	（1407万人）	（2278万人）	（2385万人）

総務省「国勢調査」「人口推計」、国立社会保障・人口問題研究所

　高齢者の所得や資産（貯蓄、不動産等）といった経済的な状況をみると、公的年金による収入が全体の６割弱と高い割合を占めるようになり、また、世帯当たりの平均所得では高齢者世帯と全世帯平均の間にそれほど差異がなくなり、資産をみると高齢者世帯のほうが豊かであるという状況となってきていました。

　このような高齢者像の変化も踏まえて、高齢者世代と現役世代の間の均衡や給付と負担の公平を図っていくことが求められるようになってきたのです。

2 要介護高齢者の増加と介護の長期化・重度化

　寝たきりや認知症の発生率は「加齢」に伴って高くなります。高齢化に伴って寝たきりや認知症で介護を必要とする高齢者と、支援の必要な虚弱な高齢者は合わせて、平成５（1993）年の200万人から、平成12（2000）年は280万人、平成22（2010）年には390万人、さらに平成37（2025）年には520万人へと急増するものと見込まれました。

　また、寝たきりの高齢者の２人に１人は３年以上寝たきりとなっていて、65歳以上の死亡者の２人に１人は亡くなる６カ月前から寝たきりとなっており、死亡前の平均寝たきり期間は8.5カ月と、長期化の傾向が強くみられました。

図表1-5●認知症高齢者の増加

2002年	2010年	2020年	2025年	2030年
149万人	208万人	289万人	323万人	353万人

出典：厚生省高齢者介護対策本部事務局（平成６年）他

　わが国では従前、介護は家族に依存してきましたが、都市化の進展、住宅事情等もあって、高齢者と子どもの同居率は、昭和55（1980）年の69％から平成24（2012）年の42％へと短期間に急激に減少し、

同時に平成24（2012）年には高齢者単独世帯が487万人、高齢者夫婦のみ世帯が633万人と著しく増加しました。

実際に家庭で同居している主な介護者の69％は女性で、その半数以上が60歳を超えるなど、介護者自身の高齢化も進みました。また、女性の就労率の上昇は、家庭の介護力を低下させていく一因にもなりました。このような状況での家族介護者には、食事・排泄・入浴などの世話による肉体的負担が重いうえ、また家を留守にできないなどの精神的負担や、介護のために離職したり出費が増えるなどの経済的負担も大きいものがありました。そうした日常生活のなかで、介護者が介護を受ける者に憎しみを感じたり、虐待をしたりするなど、家族の人間関係を損なう事例も多く報告されるようになりました。

こうしたことから、国民の9割が老後生活に不安を感じ、2人に1人は自分や配偶者が認知症などの病気で介護が必要になったときのことを心配するなど、介護問題は国民生活にとって最大の不安要因となっていたのです。

3 従前の介護関連制度の問題点

高齢者介護サービスは、介護保険制度が実施されるまでは、実態として同様の要介護ニーズのある高齢者であっても、老人福祉、老人医療という異なる目的・理念、利用手続き、負担構造をもつ2つの縦割りの法体系により提供されてきました。

老人福祉の「措置制度」は、市町村が介護サービスの種類や提供機関を決める仕組みであり、利用者による選択はできません。このため、サービスの質やコストの面で競争原理が働かず、サービスが画一的になりがちだと指摘されていました。

また、利用者の所得に応じた費用徴収（応能負担）のための所得調査等に対する心理的抵抗感があって利用しにくい実態がありました。さらに、年収800万円の世帯で老親が平均的な老齢年金受給者の場合、

図表1-6●介護保険制度実施前の福祉・医療制度

〔 従 前 の 制 度 〕

── 福　祉 ──

・特別養護老人ホーム等
・ホームヘルプサービス、デイサービス等

サービスの選択ができない
・措置制度により指定された施設に入所

市町村が提供するサービスが基本であるため、サービス内容が画一的
・画一的な基準により運営
・サービス提供主体間に市場メカニズムによる競争が働きにくい

中高所得層にとって高い自己負担
・平均的なサラリーマン世帯で老親は厚生年金受給者の場合の特養の本人負担14.9万円/月、扶養義務者4.1万円/月合計19万円/月

所得調査を伴う手続きに心理的抵抗感
・利用申込み、費用支払いも市町村へ

── 医　療 ──

・老人保健施設、療養型病床群、一般病院等
・老人訪問看護、デイケア等

社会的入院（特養の施設数が不足する一方、自己負担の不均衡により社会的入院が増加し、病床数が過剰に）
・特養よりも1月当たりの費用が高い
・治療を目的とする病院においては、長期療養する老人の生活の場としての配慮が不十分

	費用 (1人/月)	居室面積 (1人当たり)	看護・介護 職員配置
一般病院	50万円強	4.3m²	2.5～4：1
特別養護老人ホーム	27.1万円	10m²強	4：1
老人保健施設	33万円	8m²	3：1
介護力の整った病院	40万円強	4.3～6.4m²	3：1

利用者負担：所得に応じて
入所方法：市町村による措置
費用：比較的安い
供給体制：在宅・施設ともに不足

利用者負担：月3.9万円
入院方法：病院との契約
費用：相当高額
供給体制：過剰

従前の制度における高齢者介護に対する社会的支援の限界

出典：厚生省高齢者介護対策本部事務局（平成6年）

　利用者負担金は月額19万円（平成6年）と高いこともあり、高齢者本人と扶養義務者の収入の高い層は、治療目的というよりも介護目的で利用者負担金の低い病院（月平均5.3万円）を選択して入院するケース（いわゆる「社会的入院」）が多く見られました。

　医療保険の保険者の共同事業として位置づけられた老人保健制度の財源は、昭和58（1983）年2月の制度発足時、各保険者の負担する「老人保健拠出金」が7割、公費が3割（その内訳は国4分の2、都道府県4分の1、市町村4分の1でした。その後、公費負担の割合は、平成18（2006）年に対象者の年齢を70歳以上から段階的に75歳以上に

引き上げた際に公費負担は5割に引き上げられましたが）実施主体である市町村の負担が軽いことから、老人医療費の効率化や適正化に対する市町村の取り組みが弱いと指摘されていました。

　医療サービスの利用は、医療機関と利用者（患者）の間の自由な選択・契約に基づいていること、病院ベッド数が過剰であること、中高所得層にとっては定額の一部負担は福祉の措置制度における応能負担に比べ安いこともあって、介護を主たる目的とする、いわゆる「老人病院」への長期入院（いわゆる「社会的入院」）が生じていました。

　病院は本来、治療を目的とする施設であり、要介護高齢者が長期に療養するうえで必要な居室・食堂・浴室などの施設設備や職員配置の体制が不十分で、介護サービスの質の面で問題があります。また、入所者1人当たりの月平均の介護サービス費用は、特別養護老人ホームが約27万円、老人保健施設が約33万円であるのに対し、一般病院は約50万円、療養型病院は約40万円と高く、医療費の無駄をもたらしていました。

　このような「社会的入院」の発生は、ホームヘルプサービスやデイケアなどの在宅介護対策、特別養護老人ホーム等の施設整備が不十分で地域の介護ニーズに対応できていなかったこと、特別養護老人ホームへの入所に対するスティグマ意識なども誘因となっていました。

　高齢社会の到来にあたり「社会的入院」を是正し、利用者の選択により介護サービスを総合的に利用できる公平・効率的な仕組みの創設が政治的にも社会的にも求められるようになりました。このため、老人福祉と老人医療の両制度を再編成し、国民の共同連帯の理念に基づき社会全体で介護を支える新たな仕組みとして、給付と負担の関係が明確な「社会保険方式」により介護保険制度が創設されたのです。

4 介護サービス基盤整備の遅れと地域間格差

　平成元（1989）年4月から消費税が導入されました（税率3％）。しかし増税への国民の反発は強く、同年7月の参議院選挙では与党が敗北しました。衆議院の解散総選挙も予想される政治状況の下で、同年12月の予算編成過程で大蔵・自治・厚生三大臣合意により「ゴールドプラン」（高齢者保健福祉推進10カ年戦略）が策定され、介護サービスの基盤整備は大きく進むこととなりました。

　しかし、個々の市町村の政治姿勢や財政事情等もあって、介護施設の整備やマンパワー確保については、市町村間の格差が大きくみられました。特に、福祉関係八法の改正（平成2年）において全市町村に策定が義務づけられた「老人保健福祉計画」の策定のために各市町村が行ったニーズ調査の結果、ゴールドプランを大幅に上回るサービス基盤整備の必要性が明らかになりました。

　平成6（1994）年12月に「新ゴールドプラン」が策定され、平成7年度から平成11年度末までの5カ年に総事業費9兆円を超す規模の事業が行われ、「利用者本位・自立支援」、「普遍主義」、「総合的サービスの提供」、「地域主義」という基本理念の下でサービス基盤整備が進められました。

　しかし、サービスの基盤整備が進んでも、利用者の処遇などの運営経費の財源が確保されなければ、介護問題は解決できません。平成6（1994）年2月に細川内閣が提起した「国民福祉税」構想（消費税率7％に引上げ）が挫折したことは、将来にわたる安定した公費財源の確保を図るうえで大きな障壁となりました。そうしたなか、介護問題は、国民の老後生活における最大の不安要因として、一層顕在化していきました。

　細川内閣の大内厚生大臣が設置した高齢社会福祉ビジョン懇談会は、平成6（1994）年3月に報告「21世紀福祉ビジョン」をまとめました。

　また、平成5（1993）年9月、高齢者関係の3審議会委員で構成された「高齢者施策の基本的方向に関する懇談会」が報告をまとめ、総合化・体系化の必要性と制度の再構築を指摘しましたが、介護保険制度の創設に言及したものではなく、「当面は高齢者の多様なニーズに対応したサービスの展開を図ることが必要であろうが、今後は介護問題が重要な課題になることから、介護サービスを中心とした施策や制度の再構築をすべきである」とするにとどまっていました。

　わが国において介護保険制度の創設に向けた議論が本格化したのは平成5・6年頃です。本格的に動き出すのは前記の「21世紀福祉ビジョン」を受けて、厚生省に高齢者介護対策本部が設置され、高齢者介護・自立支援システム検討会が検討を開始した平成6年7月以降です。

　この時期に、日本では社会保障制度のもつ構造的な問題が深刻化し、自民党単独政権の崩壊、消費税導入といった政治・経済情勢の変化の下で、当面していた高齢者介護にかかわる諸問題の解決を志向して、介護保険制度の創設が具体的な政治・政策課題として表舞台に出てくることになりました。

　日本の介護保険制度は、人口構造の変化、介護不安の深刻化、医療保険制度および老人保健制度ならびに社会福祉制度の行き詰まりとこれらの諸制度の改革をめぐる動向、財政とりわけ国庫の窮迫、社会保障の給付と負担の見直し要請、自民党単独政権の崩壊といった政治構造の変化など、社会経済状況の変化の下で、その制度が具体的日程に上るようになりました。

　わが国の介護保険制度は、平成5年から平成8年末にかけて、政・官・学をはじめとした関係者の知識と経験を集めて検討が進められ、複雑な利害対立の調整過程を経て得られたさまざまな工夫を入れ込んだモザイクのような成案であり、日本独自の制度として捉えるほうが適当であって、ドイツなどの先行するモデルを下敷きに具体化されたものではなかったといえます。

　上記のとおり、わが国において介護保険の制度化を促した複数の流れは複合的に絡み合っていましたが、その主なものをあらためて整理

すると次のとおりです。

　①介護サービスに必要な財源の将来にわたる確保

　②ニーズに応じて柔軟に良質の介護サービスを効果的・効率的に提供
　　供

　　　・措置制度下での介護サービスの限界（機能していない市場メカニズム、財政窮迫化の下でサービス拡大のために必要な措置財源の確保に強い制約）

　　　・社会的入院にみられるような劣悪な介護サービスの質の改善

　③老人保健制度の改革（特に「老健拠出金制度」の行き詰まり、被用者保険と国民健康保険の間の利害対立の激化、国民健康保険制度の改革問題）

　④地方分権の推進

　⑤高齢者観の変化（長寿化、相対的に豊かで元気な高齢者の存在と子育て等で生活の厳しい現役世代との格差問題）

4 介護保険制度の目的と意義

1 介護保険制度の目的

　「介護」とは、一般に「高齢者・病人などを介抱し、日常生活を助けること」（広辞苑第六版）をいいます。介護保険制度において、介護とは「加齢に伴って生ずる心身の変化に起因する疾病等により要介護状態にある者」に対し、「これらの者が尊厳を保持し、その有する能力に応じ自立した日常生活を営むことができるよう、必要な保健医療サービス及び福祉サービス」を提供することをいいます（介護保険法第1条）。

　「要介護状態」にあるとは、「身体上又は精神上の障害があるために、入浴、排せつ、食事等の日常生活における基本的な動作の全部又は一部について、一定の期間（原則として6カ月程度）にわたり継続して、常時介護を要すると見込まれる状態」のことをいいます（介護保険法第7条）。介護保険法による給付は、短期間介護を要すると見込まれる状態にある者ではなく、原則として6カ月程度以上の中長期にわたり継続して、常時介護を要すると見込まれる状態にある者を対象としています。

　近年、急速に高齢化が進展し高齢者、とりわけ介護ニーズの高まる75歳以上の後期高齢者の人口が増加してきています。医学・医療の進歩の半面、福祉サービスの立ち遅れ、家族の介護機能の変化などに伴い、寝たきりや認知症などにより要介護状態にある者の増加に伴って、高齢者介護問題は老後生活の大きな不安要因となっています。

　介護保険法は、平成9（1997）年に「国民の共同連帯の理念」に基づ

いて制定された介護保険法は、平成12（2000）年4月からスタート
しました。この法律の目的は、「加齢に伴って生ずる心身の変化に起
因する疾病等により要介護状態になり、入浴、排せつ、食事等の介護、
機能訓練並びに看護及び療養上の管理その他の医療を要する者等につ
いて、これらの者が尊厳を保持し、その有する能力に応じ自立した日
常生活を営むことができるよう、必要な保健医療サービス及び福祉
サービスに係る給付を行う」ことです（介護保険法第1条）。この目的
規定の中の「尊厳を保持し」の部分は、平成17（2005）年の法改正で
追加されました。

　この目的規定にもあるように、介護保険制度は、
・高齢者が主たる対象
・高齢者の「尊厳」の保持が可能となるよう、自立した日常生活が
　営めるよう支援（自立支援）
・医療・保健サービスと福祉サービスを一体的に提供
・国民の共同連帯の理念に基づく「社会保険」システムを採用
という特徴をもっています。

　このように介護保険制度は、基本的に、高齢者の医療と介護に関す
るサービスを統合し、一体的・包括に提供することを目的とした社会
保険制度です。

2 介護保険制度の意義

　介護保険制度は、平成12（2000）年4月の実施から20年以上が経
過しましたが、「自立と連帯」を基本の理念とする社会保険制度の一
つとして、国民生活に定着し、国際的にも高い評価を得ています。わ
が国の医療・福祉の制度の歴史のなかでも特筆されるものといっても
いいでしょう。

　高齢者は、単に保護を受けるだけの存在ではなく、費用負担者とし
て位置づけられています。介護サービスの提供と利用に必要となる給

付費の財源は、65歳以上の全ての高齢者の負担する第1号保険料、40歳以上65歳未満の現役世代の医療保険加入者による第2号保険料と公費（税金）の負担で賄われます。要介護・要支援の認定を受けた者が利用した介護サービス費について義務的に、いわば自動的にこれらの財源が投入されることにより賄われることになります。

　なお、高齢者は、医療保険制度においては「被保険者」（本人）として適用を受ける者のほかに「被扶養者」として適用を受ける者とがありますが、介護保険制度においては全ての高齢者が被保険者となることとされました。

　この第1号保険料は、それぞれの地域の介護サービス利用額に応じて保険者が設定します。第1号保険料率は、その地域の介護サービス利用の水準を示すバロメーターという意味をもつことになります。

　予算に計上される公費を財源とする従前の福祉の「措置制度」の下では、予算がサービス提供量の枠を定め、行政が職権でサービス利用を決定していました（「行政処分」という性格をもっています）。これに対し、介護保険制度の下では、被保険者自身が介護ニーズ（介護必要度）に基づいてサービスの利用決定を行い、サービス提供事業者を選択することが基本となりました。

　介護保険制度の実施により、所得の高低に着目した「選別的」な救貧・保護対策から、介護ニーズのある全ての高齢者を対象とした「普遍的」で被保険者・利用者の「権利性」の高い自立支援の制度、介護の必要な高齢者とその家族を「社会で支える」仕組みに移行しました（介護の社会化）。わが国の社会保障の制度の歴史における画期的な制度といえます。

　また、高齢者の介護に関する福祉と医療制度とが統合され、利用者の立場からみて公平で利用しやすい制度とする、という政策目的が実現されたといえるでしょう。

　介護保険制度の実施に伴って、認知症対応型グループホームの創設など新たなサービス類型の創設、民間営利事業者など多様な事業主体の参入を認めたことから介護サービス基盤の整備が進み、雇用機会の

拡大に伴って介護分野の従事者も増加しました。介護保険制度創設により、介護ニーズ拡大に伴うサービス費用の増大を賄うことができる安定財源が確保され、これによって確実な支払いが保障されました。また、介護ニーズの客観的な判定のシステム（要介護認定制度）の導入、適切な介護サービスの選択と効率的な利用を支援するケアマネジメント・システムの採用は、介護保険の運営に大きな役割を果たしました。

図表1-7●介護保険導入の経緯・意義

○　高齢化の進展に伴い、<u>要介護高齢者の増加</u>、<u>介護期間の長期化</u>など、介護ニーズはますます増大。

○　一方、<u>核家族化の進行</u>、<u>介護する家族の高齢化</u>など、要介護高齢者を支えてきた家族をめぐる状況も変化。

高齢者の介護を社会全体で支え合う仕組み（介護保険）を創設

○　自立支援・・・単に介護を要する高齢者の身の回りの世話をするということを超えて、高齢者の自立を支援することを理念とする。

○　利用者本位・・・利用者の選択により、多様な主体から保健医療サービス、福祉サービスを総合的に受けられる制度

○　社会保険方式・・・給付と負担の関係が明確な社会保険方式を採用

出典：厚生労働省資料

図表1-8●利用者から見た従前の制度と介護保険制度の違い

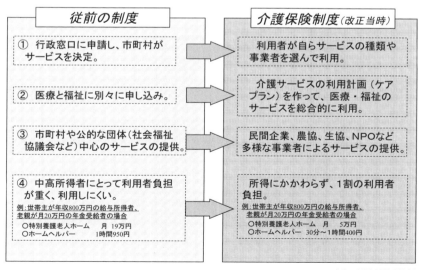

出典：厚生労働省資料

　　介護保険制度の創設は、基礎的自治体である市町村の存立目的である住民の福祉を増進し、地方分権の推進と広域化に寄与しました。また、平成２（1990）年のバブル経済崩壊後の長引く厳しい経済・財政状況、財政支出抑制政策のなかで、もし介護保険制度が実現していなかったとしたら、国民の介護不安・雇用不安は一層深刻となっていたと推測できます。

　　介護保険制度に対する国民の理解と支持は高いといえますが、介護サービス費の増大に伴い、保険料および公費の負担も増加し、平成12（2000）年度から３年間の被保険者一人当たりの平均保険料額が2,911円であったのに対し、平成30（2018）年から３年間の全国の市町村の平均保険料額は5,869円、令和３（2021）年から３年間には6,014円となり、負担の限界であるとの意見も出ています。

　　今後さらに少子高齢化は急速に進行し、介護ニーズも拡大していくと予想されますが、経済・財政面での制約が強まり、将来にわたっての介護保険制度の持続性、運営の安定性を危惧する声も強くなってきました。

　　こうした不安要因に対応し、国民・サービス利用者の信頼に応えていくためには、

　　・介護保険施設などサービス提供基盤の充実

　　・介護サービス人材の養成、処遇改善・キャリアアップなどを通じて確保・定着、離職防止対策

　　・介護サービスの質と効率の向上

　　・介護サービスと医療サービスの連携、地域包括ケアの推進等

　が欠かせません。

　　これと同時に、安定的な介護サービスにかかる公費財源の確保が大事となってきます。「社会保障と税の一体改革」を着実に進め、社会保障目的税とされた消費税率は令和元（2019）年に10％に引き上げられましたが、財源確保のためには社会保障費用の伸びを上回る経済成長が重要になってきます。

確認問題

問題 1 以下の文章の（　　）に、適切な言葉を記入しなさい。

①世界で介護保険制度として独立した制度を実施している国は、日本、（　　）、（　　）、（　　）の4カ国である。

②社会保障の方法（政策）は、大別すると、税を財源とする「（　　）型」と、社会保険方式をとる「（　　）型」がある。

③介護保険法による保険給付は、短期間介護を要すると見込まれる状態にある者ではなく、原則として（　　）程度以上の中長期にわたり継続して、常時介護を要すると見込まれる状態にある者を対象としている。

問題 2 日本の介護保険制度の創設にあたり、その背景にあった社会状況や制度の問題等の複数の課題について列挙せよ。

確　認　問　題

解答　解説

解答 1

①：ドイツ、ルクセンブルク、韓国

②：北欧・イギリス（型）、大陸（型）

③：6カ月

解説 1

①ドイツは1995年、ルクセンブルクは日本と同年の2000年、韓国は2008年から実施しています。

②社会保障の方法（政策）は、国によってそれぞれ歴史や社会の特性等を反映して、大きな違いがあります。税を財源とする「北欧・イギリス型」とドイツやフランスなどの社会保険方式をとる「大陸型」に大別されます。

③要介護状態にあるとは、身体上または精神上の障害があるために、入浴、排泄、食事等の日常生活における基本的な動作の全部または一部について、一定の期間（原則として6カ月程度）にわたり継続して、常時介護を要すると見込まれる状態のことをいいます。

解答例 2

- 老人保健制度を巡る問題（特に老人保健拠出金制度の行き詰まり、被用者保険と国民健康保険の間の利害対立の激化）
- 地方分権の推進、国民健康保険制の運営の安定化
- 福祉の措置制度下で介護サービスの利用に制約（機能していない市場メカニズム、サービス基盤整備とサービス費の財源確保に制約、利用者が介護サービスを選択不能）
- 財政窮迫化の下での介護サービスの社会的基盤整備の促進、その運用財源の確保問題
- 社会的入院にみられるような、劣悪な介護サービスの質の改善に関する問題
- 低所得で厳しい生活実態にあるという高齢者観が変化（相対的に豊かで元気な高齢者の存在、子育てなどで生活の厳しい現役世代との格差が意識されるようになった）
- 非営利法人と民間営利法人の間におけるイコールフッティング、参入制限問題

第**2**章
日本と世界の介護保険制度

1 介護保険制度の基本的な仕組み

2 日本の介護保険制度の特徴

3 介護保険制度の国際比較

介護保険制度の基本的な仕組み

1 基本的な仕組み

　介護保険制度は、基本的には高齢者のための社会保険制度です。高齢者は、単に保護を受けるだけの存在ではなく、費用負担者として位置づけられています。

　基本的な仕組みを簡単に図示すると、次のとおりです。

図表2-1 ●介護保険制度の仕組み

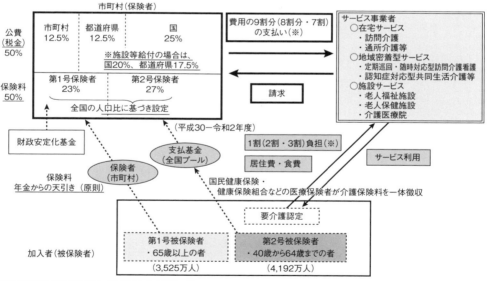

（注）第1号被保険者の数は、平成30年度末現在の数。
　　　第2号被保険者の数は、平成30年度内の月平均値。
（※）一定以上所得者については、利用したサービス費の2割又は3割を負担。

2 保険者

（1）保険者

「保険者」とは、保険を実施し運営する主体をいいます。

社会保険制度において保険者は、一定の要件に該当する者を「被保険者」として強制加入させ、「保険料」の徴収、加入者の資格の得喪管理など被保険者・被扶養者の管理を行うとともに、「保険事故」が発生した場合に被保険者等に対し「保険給付」を行い、これに必要な保険料や国庫負担金等の収納など保険財政の適正な管理運営に当たることを任務とします。

介護保険の保険者は、「市町村（東京都の場合は、市町村および23の特別区）」です。

被保険者の少ない保険者の運営の安定化・効率化の観点から、複数の市町村が「広域連合」を組織し、保険者の業務の全部または一部を共同して実施することもできます。

（2）保険者の業務

市町村は、介護保険の「特別会計」を設置して介護保険に関する収入と支出を管理するほか、介護保険に関する広報・啓発を行います。また、保険者として、第1号被保険者から保険料を徴収します。

保険者の主な業務は次のとおりです。

・被保険者の資格管理
・保険料の賦課と徴収
・介護認定審査会の設置、要介護・要支援の認定
・保険給付とその管理
・市町村介護保険事業計画の策定・変更
・居宅介護支援事業者の指定、指導監督
・地域密着型サービス事業者の指定、指導監督

なお、介護保険の第2号被保険者については、医療保険者が第2号保険料を徴収し、支払基金（社会保険診療報酬支払基金）に納付します。

支払基金はこれを全国プールし、介護給付費交付金および地域支援事業支援交付金として各市町村に交付します。

3 被保険者

（1）被保険者

「被保険者」とは、「保険事故」が発生した場合に、保険給付を受ける主体として損害等の補填（給付）を受ける者であり、その給付に必要な財源に充てられる「保険料」の納付義務のある者をいいます。

　介護保険は、保険事故による損害を分散させることを目的とした制度です。健康な者や負担能力のある高所得者が加入を避け、介護の必要性の高い者や低所得者のみが加入するという「逆選択」を防止するため、「社会保険」の仕組みをとり、一定の要件に該当する者は全て「強制加入」させています。

（2）被保険者の種別

　被保険者は、2つに種別されています。

　第1号被保険者：市町村の区域内に住所を有する65歳以上の者

　第2号被保険者：市町村の区域内に住所を有する40歳以上65歳未満の医療保険加入者

　第2号被保険者に関し、40歳～64歳までの医療保険加入者としているのは、

- ・第2号被保険者の負担する第2号保険料には、各市町村の高齢化率の違いからくる保険者の介護保険財政の不均衡を是正するための全国的な調整財源という機能をもたせたいこと
- ・保険料の確実な徴収の確保、事務負担の軽減のため、医療保険の保険者が医療保険料と併せて一体的に徴収事務を担うことが適当
- ・40歳以上65歳未満の医療保険未加入者を第2号被保険者としても、確実な保険料徴収が期待できないこと

などを総合的に勘案したからです。

（3）例外規定

　身体障害者療護施設など一定の施設の入所者等、特別の理由のある者については、当分の間、介護保険の被保険者から除外されています。

4　保険料

　介護サービスの給付費の半分は、保険料財源で賄われています（残りの半分は公費）。保険料は、第1号被保険者と第2号被保険者の平均的な1人当たりの保険料がほぼ同じ負担水準となるよう、それぞれの負担割合が定められています。すなわち、公費分を除く給付費（給付費総額の2分の1に当たる）を、第1号被保険者と第2号被保険者の総人数比で按分するという考え方が基本となっています。

　したがって、保険料総額のうち第2号被保険者全体の負担すべき割合は、全国の被保険者総数に占める第2号被保険者総数の割合ということになっています（平成27年度～平成29年度までは、28％。平成30年度～令和2年、令和3年度～令和5年度までは、27％）。高齢化の進展で第1号被保険者の数が増加すると、第2号被保険者グループの負担総額の割合は下がっていくことになります。

　各市町村の給付費の額にこの第2号被保険者の負担割合を乗じて得た額が、保険者である市町村の介護保険特別会計に対し、社会保険診療報酬支払基金（支払基金）から交付されます（介護保険の保険者としての市町村は、第2号被保険者の保険料を自ら直接徴収することはありません）。

　したがって、市町村が第1号被保険者から徴収すべき保険料は、給付費から国等の負担金及び支払基金からの交付金を除いた額になります（平成27年度から平成29年度までは、給付費に対し全国平均で22％の額。平成30年度から令和2年度、令和3年度から令和5年度までは、23％）。なおこの割合は、各市町村に交付される調整交付金の割合が異なることから、各市町村ごとに違うことになります。

図表2-2 ●保険料徴収の仕組み

○介護保険の給付費の50%を65歳以上の高齢者（第1号被保険者）と40〜64歳（第2号被保険者）の
人口比で按分し、保険料をそれぞれ賦課。

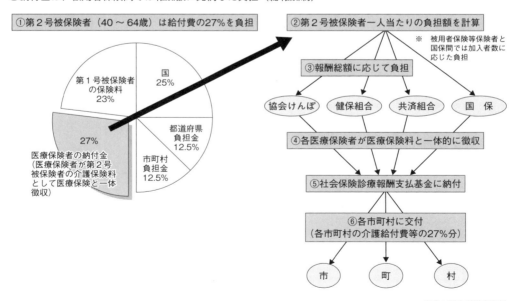

第1号被保険者
（65歳以上）

3,488万人
（平成29年度末）

保険料

普通徴収
市町村の
個別徴収　　約1割の者が対象

特別徴収
年金から
天引き　　約9割の者が対象

年金保険者
[年金機構
共済]

第2号被保険者
（40〜64歳）

4,195万人
（平成29年度）

保険料

医療保険者
・健保組合
・国保など

介護納付金
（一括納付、全国でプール）

社会保険診療報酬
支払基金　　交付

若年者の保険料
については、医療
保険と同様に事
業主負担・国庫
負担がある。

高齢者の
保険料
（23%）

若年者の
保険料
（27%）

公費
（50%）
国
（25%※）
都道府県
（12.5%※）
市町村
（12.5%）

（注）※国の負担分のうち5%は調整交付金であり、75歳以上の方
の数や高齢者の方の所得の分布状況に応じて増減。
※施設等給付費（都道府県が指定権限を有する介護老人福
祉施設、介護老人保健施設、介護医療院、特定施設に
係る給付費）は国20%、都道府県17.5%。

出典：厚生労働省資料

図表2-3 ●介護保険の保険料（第2号被保険者）

○40〜64歳（第2号被保険者）の保険料は、各医療保険者が徴収し、納付金として支払基金へ納付
○納付金は、被用者保険間では報酬額に比例した負担（総報酬制）

①第2号被保険者（40〜64歳）は給付費の27%を負担

第1号被保険者
の保険料
23%

国
25%

都道府県
負担金
12.5%

市町村
負担金
12.5%

27%
医療保険者の納付金
（医療保険者が第2号
被保険者の介護保険料
として医療保険と一体
徴収）

②第2号被保険者一人当たりの負担額を計算

※ 被用者保険等保険者と
国保間では加入者数に
応じた負担

③報酬総額に応じて負担

協会けんぽ　　健保組合　　共済組合　　国　保

④各医療保険者が医療保険料と一体的に徴収

⑤社会保険診療報酬支払基金に納付

⑥各市町村に交付
（各市町村の介護給付費等の27%分）

市　　　町　　　村

出典：厚生労働省資料

5 保険給付

介護保険の給付

・介護サービスを利用した場合に、利用者本人の定率１割（原則）の自己負担以外の額は保険者から介護サービス事業者に直接支払われます（現物給付）。利用者はかかった費用の１割を負担するだけで給付限度額以内のサービスを受けることになります。ドイツのように利用者に現金が支払われるのではなく、また、家族による介護に対して現金を給付する仕組み（現金給付）はとられていません

・給付の対象は、ドイツのように中重度に限らず、軽度の要介護者も対象にしています

・要介護者に限らず、要支援者も対象としており、「予防給付」が行われています

といった点に特長があります。

　また、介護保険４施設への入所、在宅サービス（通所系、訪問系、地域密着〈小規模多機能〉系）が制度化されています。

　さらに、介護保険給付対象のサービスだけではなく、介護保険による給付限度額を超えたサービス利用、保険給付対象外のサービス利用ができる仕組み、いわゆる「混合給付」が可能な制度の仕組みとなっています。医療保険制度では、保険給付と給付対象外の医療サービスを併せて利用したり、提供することは原則禁止されています（混合診療の禁止）。

6 受給者

（1）受給者

　介護保険制度による介護サービスを利用している者（給付を受ける

者）を受給者といいます。

　被保険者は、サービスの給付を受けるためには、被保険者が保険者
である市町村等に申請を行い、「要介護状態または要支援状態にある
ことについての認定」を受けることが前提となります（要介護認定）。
これは、心身の状態から真に介護サービスの利用の必要の程度に応じ
て適切な介護が受けられるようにし、制度の適切で効率的な運営を確
保し、保険料や公費の負担が重くなり過ぎないようにする観点から行
われるものです（第6章介護サービス利用、129頁〜参照）。

（2）受給者の要件

　第1号被保険者の場合には要介護状態、要支援状態になった理由・
原因が問われません。これに対し、第2号被保険者の場合には要介護
状態、要支援状態になった理由・原因が「加齢に伴って発生リスクが
高まる特定の疾患」によっていることに限定されています。現在、脳
血管障害、初老期認知症など16の特定疾病が政令（介護保険法施行
令第2条）で指定されています。

「特定疾病」
　①末期がん（回復の見込みがない状態）、②関節リウマチ、③筋萎縮
性側索硬化症、④後縦靭帯骨化症、⑤骨折を伴う骨粗鬆症、⑥初老
期における認知症、⑦進行性核上性麻痺、大脳皮質基底核変性症及
びパーキンソン病、⑧脊髄小脳変性症、⑨脊柱管狭窄症、⑩早老症、
⑪多系統萎縮症、⑫糖尿病性神経障害、糖尿病性腎症及び糖尿病性
網膜症、⑬脳血管疾患、⑭閉塞性動脈硬化症、⑮慢性閉塞性肺疾患、
⑯両側の膝関節又は股関節に著しい変形を伴う変形性関節症

7 介護保険の給付と他法による給付との調整

（1）労働者災害補償保険法との関係

　労働災害など災害補償関係の給付を受けられる場合には、その給付

に相当する介護保険給付は受けられません（介護保険法施行令第11条）。

（2）医療保険との関係

　介護保険と医療保険の給付が競合する場合には、介護保険の給付が優先し、医療保険の給付は受けられません。介護医療院、介護療養型医療施設（介護療養病床）に入院中の者には、原則として医療保険の給付は行われません。手術等の急性期医療が必要になった場合には、急性期病棟に移って医療保険の給付を受けることが原則となります。

（3）老人福祉法との関係

　介護放棄・虐待などにより、被保険者自身による選択・決定が期待できない場合には、老人福祉法に基づく「措置」制度によりサービス提供が行われ保護されます。

（4）生活保護法との関係

　65歳以上の市町村の住民はすべて介護保険の被保険者になります。生活保護の受給者の場合、保険料相当額は生活保護の「生活扶助」として給付されます。介護サービス利用時の利用者負担額は、生活保護の「介護扶助」として相当する額が給付されます。

　医療保険に加入していない40歳から64歳までの者については、介護保険の第2号被保険者には該当しませんから、その者に必要な介護サービスは生活保護の介護扶助で給付されます。

　なお、医療保険制度では、無所得・低所得の者は国民健康保険の適用が免除され、生活保護の医療扶助が適用されます。医療保険と介護保険制度とでは、生活保護制度の適用に関し大きな違いがあります（54頁、2-8を参照）。

（5）公費負担医療との関係

　介護保険給付は、身体障害者福祉・原爆被爆者等による給付（いわゆる「公費負担医療」）に優先して行われ、公費負担医療の給付は、介護保険の利用者負担の部分について行われます。

8 第三者行為と損害賠償

「第三者が起こした事故」等が原因で要介護・要支援状態になった被保険者について、市町村（保険者）が保険給付を行ったときは、市町村は、その給付の限度において当該被保険者が有するその原因者に対する損害賠償の請求権を取得します。

また、市町村が保険給付を行う前に、被保険者が第三者から同一事由について損害賠償を受けたときは、市町村はその額を限度として、保険給付を行う責を免れます。被保険者が安易に、あるいは不本意に損害賠償請求権を放棄したり減額したりすると、本人にとっても市町村にとっても不利益となりますから、事故発生に関する速やかな事実関係等の確認等といった適切な対応が大事になります。

9 不正利得の徴収

偽りその他の不正行為によって受けた保険給付に関しては、市町村は、その者から給付額の全額または一部を強制徴収することができます。医師の診断書の虚偽の記載等によって保険給付が行われた場合には、当該医師等に対し、不正受給者と連帯して、徴収金を納付すべきことを命ずることができます。

また、市町村は介護サービス事業者または介護保険施設が偽りその他の不正行為によって支払いを受けた場合には、当該返還額に4割加算した額の返還を命ずることができます。

また、市町村は、保険給付の適正を期するため、受給者、介護サービス事業者、福祉用具販売者、住宅改修事業者に対し文書等の提出を命ずることができ、受給者が正当な理由なしに求めに応じない場合には、保険給付の全部または一部を制限することができます。

10 受給権の保護

　保険給付の受給権は、生活保障の観点から、他者に譲渡したり、担保に供したり、差し押さえたりすることは禁じられています。また、介護保険の給付に関しては、租税その他の公課（罰金など）を課すことができません。

2 日本の介護保険制度の特徴

　平成5、6年頃から介護問題をめぐる論議が高まり、介護サービスの拡充への期待と関心が高くなりましたが、他方、市町村関係者の間にはサービス提供体制や財政面などへの不安も強くありました。厳しい社会経済状況の下で、こうした課題に応えるため創設されたわが国の介護保険制度には、次のような特徴があります。

1 社会保険方式によるとしたこと

　今後確実に増大が見込まれる介護費用を将来にわたって安定的に確保するためには、国民の共同連帯・相互扶助に基づく社会保障の方式である介護保険制度がもっとも適当と評価されたのです。

　高齢者像の変化・若年層の負担能力や受益とのバランスを踏まえて、「全ての高齢者」を第1号被保険者として保険料負担させることとしました。また、介護サービスの利用という「受益」に応じて原則1割の「定率負担」としました。

　このことはその後、老人保健制度の定額負担（医療費の約5％相当）を平成14（2002）年に定率1割負担に改めたり、さらに平成20（2008）年に導入された後期高齢者医療制度において、75歳以上の後期高齢者に保険料負担を課し、受診時に原則1割負担をすることとされましたが、介護保険制度はそのための地ならし・先例としての役割を果たしたといえます。

図表2-4 ●高齢者介護における公費方式，社会保険方式および民間保険方式の比較

	公　費　方　式	社会保険方式	民間保険方式
基本的理念	・「社会扶助」 ・基本的には、救貧対策（生活保護）	・「社会的連帯連帯」、「自立支援」 ・要介護状態というリスクを社会的にカバー ・一定の条件に該当する者は強制適用	・「自助」 ・任意加入 ・要介護状態というリスクを個人の選択により加入
仕組み	・租税を財源として要介護状態のため日常生活に支障をきたしている者（世帯）に対し、サービスまたは現金を提供する仕組み	・強制徴収する保険料を財源として、要介護状態（保険事故）に対し、サービスまたは現金を給付する仕組み	・任意加入保険における保険料を財源として、要介護状態（保険事故）に対し、主として現金を給付する仕組み
給付面	〈基本的には配給方式〉 ・サービス利用者の優先順位づけ ・所得審査（ミーンズテスト） ・サービス提供主体の制限 ・画一的なサービス ・応能負担（費用徴収） 〈サービス量全体を財政的にコントロール〉	〈利用者によるサービス選択・購入〉 ・基本的にはフリーアクセス ・受給手続きが簡便 ・サービス内容、サービス提供主体の多様性 ・応益負担（サービス費用の一部負担） 〈サービス量が自律的に増加〉	〈現金支給による利用者のサービス購買力の向上〉 ・選択した契約内容と保険料に対応した給付 ・サービス利用を直接保証するものではない ・インフレヘッジが難しい
負担面	・負担と受益の関係が不明確	・負担と給付の関係が明確 ・被保険者側のサービス利用に権利性が高い	・負担と給付の関係が明確 ・リスク（年齢）に応じた保険料（ハイリスクグループの問題） ・社会的連帯の欠如（保険料が高額）

出典：厚生省高齢者介護対策本部事務局資料（平成5年）を一部改変

2 市町村が介護保険の実施運営にあたる「保険者」となったこと

　介護サービスは高齢者の居住する地域に密着して展開されることが適当です。市町村は、住民にもっとも身近な基礎的地方自治体ですから保険者になるのは当然のことです。しかし、財政面・実施体制面での不安が強く、国・都道府県・医療保険者・年金保険者が種々の支援

措置を重層的に講じられています。

　介護保険制度の実施に伴って急速に保険運営の共同化・広域化の動きが高まりました。実施から数年のうちに、介護保険事務のすべてや要介護認定事務等の業務について「広域連合」や「一部事務組合」とするなどの広域化を実施したところが全市町村の約8割に達し、地方分権の流れを大きく加速する役割を果たしました。

　高齢者医療や国民健康保険の改革を行ううえで、介護保険制度の「広域化」や「現役若年世代による財政支援の仕組み」は重要な先例となりました。

3　高齢者自身による「選択」を基本にしたこと

　老人福祉法の「措置制度」は、市町村長がサービス利用の優先度・適否等を判断して「行政処分」として利用決定し、事業者にサービス提供を委託するものです。したがって高齢者自身がサービスの種類や内容、提供事業者を選択して利用する仕組みとはなっていません。このため、サービス提供事業者は措置の権限をもつ市町村に目が向きがちで、利用者のニーズに適切・柔軟に対応しない傾向もみられました。

　市町村長による「委託」をやめて、利用者とサービス提供事業者との「契約」に基づく仕組みとしたことによって、サービスは「利用者本位」、「市場重視」に変わり、利用者の意向・ニーズの反映を通じサービス供給量の拡大、質の向上が期待できるようになりました。

　特に規制緩和の流れのなかで、民間事業者、非営利団体など多様な事業者の参入が認められたことも相まって、サービス提供の基盤整備が急速に進むようになり、サービス選択の幅が大きく広がりました。

4 専門職による居宅介護支援
　（ケアマネジメント）の仕組みが導入されたこと

　居宅介護支援（ケアマネジメント）は、介護を必要とする高齢者が、その必要度に応じて、効果的・総合的・継続的にサービスを受けられるようにするとともに、不適切なサービス、過剰なサービス利用を排除しようという狙いをもつものです。

　市町村に設置される「介護認定審査会」は、個々の高齢者の心身の状態を訪問調査により把握し、主治の医師の所見（意見書）をもとに、介護や支援の必要性とその程度について状態区分を認定します。この要介護または要支援の状態区分に応じて、「支給限度額」（サービスの利用上限額）が設定されています。

　「介護支援専門員」（ケアマネジャー）は、介護に関する知識・情報の不十分な高齢者の立場に立って、その意向や希望、高齢者の心身の状態や状態区分の支給限度額を踏まえ、具体的な「介護支援計画」（ケアプラン）を立て、介護サービス事業者の選定やサービス利用に関する連絡調整を行います。ケアプランは、介護に関連する多様な専門職の連携協働（ケアチーム）により、個々人にサービスを弁護士的な役割（アドボカシー機能）を果たすことが期待されます。

　また、適切なケアプランに沿った効率的なサービスの提供と利用を通じて、医療における「社会的入院」にみられたような不適切・非効率で過剰な利用を排除し、介護サービス費を効率化・適正化したいという狙いがあります。

　さらに、要介護・要支援認定にあたっては、「主治の医師の意見書」が必要とされます。高齢化・長寿化と生活習慣病の時代においては、総合的な診療機能をもつ「かかりつけ医」（主治の医師）を有することが、医療の機能分担と連携、医療と介護の連携の観点から大事になってきたからであり、まず介護分野からそうした動きを促進していこうという狙いが込められていたのです。

5 現物給付の仕組みとしたこと

　わが国の介護保険では、認定を受けた要介護者等は、介護保険の指定事業者の提供するサービスを利用するかたちで給付を受ける「現物給付」の仕組みになっています。この場合、サービスにかかる費用から自己負担を除いた額が保険者から事業者に対して支払われ、要介護者等は定率1割（所得の高い人は2割または3割）の自己負担だけでサービスを受けることができます。

　要介護認定を受けた人に現金（介護手当）を支給する、或いは要介護者の家族が介護サービスを提供した場合に、その家族に現金（介護手当）を支給するといった仕組みにはなっていません。ドイツの制度とはこの点で大きな違いがあります。

　わが国では、家族介護手当を支給しないとしたことにより介護を担うサービス基盤の整備が大きく促進される効果をもたらし、介護の社会化が進展しました。

6 混合給付を認めていること

　医療保険制度では、患者に対して医療機関や薬局が必要な医療サービスを提供し、その費用は（患者の一部負担の額を除いて）保険者に直接請求して支払いを受ける仕組みがとられています。このこの審査支払業務は社会保険診療報酬支払基金または国民健康保険団体連合会）に委託されています。このような保険給付の方法を「療養の給付」、医療の「現物給付」といいます。これに対して、介護保険の給付は、健康保険のような「療養の給付」ではなく、「介護サービス費用の給付」という概念の下に法律構成されています。

　こうした給付の枠組み設定の仕方から、健康保険では原則認められていない「保険給付対象のサービスとそれ以外のサービスとを組み合

わせた医療」、いわゆる「混合給付」が認められています。これは「利用者本位」の理念に基づくものであり、多様化・高度化する介護ニーズへの対応と社会的費用負担との調整を図るための仕組みといえます。

　介護保険制度では、この混合給付を容認している点に、医療保険との大きな違いがあります。これは、専門性の高い医療サービスと異なり、介護サービスが利用者自身にとって理解し判断しやすいサービスであり、混合給付を認めても被保険者の利益を損なうおそれが少ないと判断されたからです。被保険者は、自らの選択と費用負担により、保険給付と保険給付外のサービスとを追加的に任意に組み合わせて利用したり、介護保険の給付限度額を上回るサービスを利用したりすることが自由にできます。

　また、市町村（保険者）は、保険給付の対象外のサービスをその市町村独自のサービスとして給付することができます（横出しサービス：例えば、特定の地域で行われている配食サービスや外出介助サービスなど）。また、支給限度額の枠を超えて利用できるようにすることが法律上認められています（上乗せサービス）。

　この市町村独自のサービスの費用は、その市町村の第1号被保険者の保険料と利用者の自己負担により賄われることになります。

7 「予防給付」を保険給付の対象にしたこと

　介護が必要な段階にはまだ至っていない虚弱な高齢者等に対して、できる限り寝たきり状態へ移行することを遅らせるよう、「要支援者」に対する「予防給付」を保険給付の対象にしていることも大きな特徴です。健康保険では「予防給付」は保険給付の対象にしていませんし、ドイツの介護保険は、中重度の要介護者に対する給付に重点化して創設され、軽度や虚弱な高齢者については給付対象外として発足しています。

8 医療保険と年金保険の保険者による支援

　医療保険と年金保険の保険者は、保険料の徴収など実務面で介護の保険者である市町村を支援する仕組みがとられています。第1号被保険者の介護保険料については公的年金の給付からの特別徴収（天引き）が原則となっています。また、第2号被保険者の介護保険料については医療保険の保険者が医療保険料と一体徴収し、社会保険診療報酬支払基金へ納付する仕組をとっています。

　なお、生活保護制度における「介護扶助」の創設は、無所得・低所得の第1号被保険者が必要に応じ適切な介護サービスを権利として効果的に利用することを可能にしました。介護保険と生活保護との適用関係は、保険料の徴収の確保、徴収コストの軽減といった保険事務の効率化に資するだけではなく、制度間の機能の調整という面でも医療保険制度とは異なる新しい仕組みとなりました。

　さらに、保険料の徴収、滞納者への保険給付の制限などのペナルティ措置、保険者間の財政調整についても、国保や老人保健制度の運営等から得られた教訓をもとに新たな仕組みがとられています（45頁、1-7-（4）を参照）。

9 費用負担・財源構造の独自性

　介護保険制度では、介護サービス費の1割または所得により2割ないし3割を一部負担として利用者から徴収し、残りの9割または所得により8割ないし7割分（介護給付費）については、保険料と公費で5割ずつ負担する仕組みになっています。

　介護保険制度における保険料は、保険料負担部分の総額を第1号被保険者と第2号被保険者の人数比で案分して負担する仕組みとなっています。人数構成が変化した場合でも、第1号被保険者と第2号被保

険者は、1人当たり平均すると同額の負担をするという基本的考え方に立っています。従前の老人保健制度では高齢化が進展するのに伴い現役世代層の負担が重くなり強い批判があったことから、新たな仕組みが創案されたのです。

　また、従前の老人福祉制度および老人保健制度において公費負担がされていること、介護保険制度創設にあたって公的責任の後退という批判を避けること、高齢者等の保険料負担を軽減することから、相当の公費負担を投入することとされました。公費5割のうち施設等給付以外の給付については国が25％、残りを都道府県と市町村が半々で負担しています。

　ドイツなどの介護保険制度では公費負担はありませんから保険給付に公費負担が投入されている点も、日本の介護保険制度の大きな特徴といえます。

　第1号被保険者の保険料は、3年ごとに策定される介護保険事業計画に基づき、保険者（市町村）ごとにそれぞれの介護サービス費の水準に基づいて設定されます。第8期（令和3～5年度）の介護保険料の全国平均は、6,014円（＋2.5％）で、全国の市町村の保険料基準額の最低額市町村は3,300円（北海道音威子府村、群馬県草津町）で、また最高額市町村は9,800円（東京都青ヶ島村）となっています。第2号被保険者の保険料は、各医療保険者の加入者数に応じて負担する仕組みとされています。この点について、各医療保険者の被保険者の総報酬に応じて各医療保険者が負担する仕組み（総報酬割）が平成29年度から段階的に導入され、令和2年度から全面的に実施されています。これは負担の公平化の観点からだけではなく、協会けんぽに加入している第2号被保険者に投入されている国庫負担を軽減することをねらいとするものだという批判も出されています（第3章1-3を参照）。

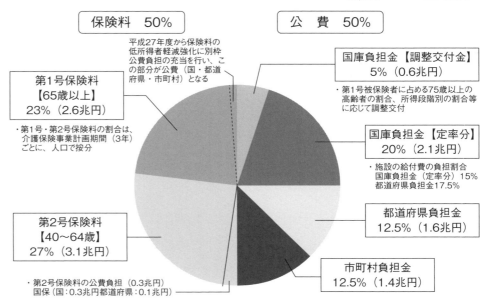

図表2-5 ●介護保険の財源構成と規模

（令和2年度予算介護給付費：11.5兆円）
総費用ベース：12.4兆円

保険料　50%　　　公　費　50%

平成27年度から保険料の
低所得者軽減強化に別枠
公費負担の充当を行い、こ
の部分が公費（国・都道
府県・市町村）となる

第1号保険料
【65歳以上】
23%（2.6兆円）

・第1号・第2号保険料の割合は、
介護保険事業計画期間（3年）
ごとに、人口で按分

国庫負担金【調整交付金】
5%（0.6兆円）

・第1号被保険者に占める75歳以上の
高齢者の割合、所得段階別の割合等
に応じて調整交付

国庫負担金【定率分】
20%（2.1兆円）

・施設の給付費の負担割合
国庫負担金（定率分）15%
都道府県負担金17.5%

第2号保険料
【40〜64歳】
27%（3.1兆円）

都道府県負担金
12.5%（1.6兆円）

・第2号保険料の公費負担（0.3兆円）
国保（国：0.3兆円都道府県：0.1兆円）

市町村負担金
12.5%（1.4兆円）

※数値は端数処理をしているため、合計が一致しない場合がある。

出典：厚生労働省資料

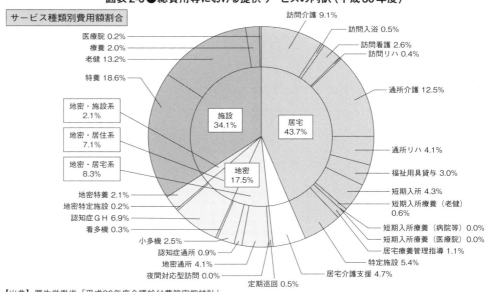

図表2-6 ●総費用等における提供サービスの内訳（平成30年度）

サービス種類別費用額割合

医療院 0.2%
療養 2.0%
老健 13.2%
特養 18.6%

地密・施設系
2.1%

地密・居住系
7.1%

地密・居宅系
8.3%

地密特養 2.1%
地密特定施設 0.2%
認知症ＧＨ 6.9%
看多機 0.3%
小多機 2.5%
認知症通所 0.9%
地密通所 4.1%
夜間対応型訪問 0.0%
定期巡回 0.5%

施設
34.1%

居宅
43.7%

地密
17.5%

訪問介護 9.1%
訪問入浴 0.5%
訪問看護 2.6%
訪問リハ 0.4%

通所介護 12.5%

通所リハ 4.1%

福祉用具貸与 3.0%

短期入所 4.3%

短期入所療養（老健）
0.6%

短期入所療養（病院等）0.0%
短期入所療養（医療院）0.0%
居宅療養管理指導 1.1%
特定施設 5.4%
居宅介護支援 4.7%

【出典】厚生労働省「平成30年度介護給付費等実態統計」
（注1）介護予防サービスを含まない。
（注2）特定入所者介護サービス（補足給付）、地域支援事業に係る費用は含まない。また、市区町村が直接支払う費用（福祉用具購
　　　入費、住宅改修費など）は含まない。
（注3）介護費は、平成30年度（平成30年5月〜平成31年4月審査分（平成30年4月〜平成31年3月サービス提供分）。

出典：厚生労働省資料

3　介護保険制度の国際比較

1　諸外国の介護保険制度との比較

　高齢者介護サービスは、それぞれの国の歴史や社会経済状況の違い等を反映して多様な形がとられています。独立した社会保険制度を採用している国、医療保険制度のなかに給付を位置づけている国、公費（税金）を財源とした給付制度を採用している国などに大別されます。

　独立した法制度として介護保険制度を実施している国は、ドイツ、ルクセンブルク、韓国そして日本ですが、日本の介護保険制度は、ほかの国の制度と比べて、保険者を市町村としていること、家族介護に対する現金給付を行わないこと、予防給付を行うこと、ケアマネジメント・システムを取り入れていること、などの点で顕著な違いがあります。

　ドイツ、ルクセンブルク、日本、韓国の介護保険制度について制度創設時の概要を比較すると**図表2-7**のとおりです。保険者や被保険者の範囲、給付の範囲や形態、国庫負担投入の有無など、大きな差異があることがわかります。

図表2-7 ● 4カ国の介護保険制度（制度実施時点の比較）

	ドイツ	ルクセンブルク	日　本	韓　国
立法時期	1994年5月	1998年7月	1997年12月	2007年4月
実施時期	1995年1月 保険料徴収開始 1995年4月 在宅介護サービス給付開始 1996年7月 施設介護サービス給付開始	1999年1月 給付および保険料徴収開始	1999年10月 要介護認定開始 2000年4月 在宅・施設サービス給付開始、保険料徴収開始	2008年4月 要介護認定開始 2008年7月 給付および保険料徴収開始
保険者	介護金庫（疾病金庫が兼営。地区疾病金庫は州単位。全国民の約90%をカバー） 民間介護保険（民間疾病保険会社が全国民の約10%をカバー）	疾病金庫ユニオン（全国をカバーする単一の保険者）	市町村および特別区（23区）（国、都道府県、医療保険者および年金保険者が重層的に支援）	国民健康保険公団（全国をカバーする単一の保険者）
被保険者	疾病保険の被保険者（被扶養配偶者および子も給付対象となっている）	疾病保険の全加入者（年齢下限なし）	・65歳以上の市町村住民（第1号被保険者） ・40歳以上65歳未満の医療保険加入者（第2号被保険者） ・生活保護受給者も全て介護保険への加入義務を課す （注）生活保護受給者の保険料は、生活保護の生活扶助で給付。加入義務を免除する国保の場合とは異なる適用関係であることに留意する必要がある	・医療保険の被保険者 ・医療扶助対象者
保険給付	・中重度を対象（1〜3） ・現金給付が中心 ・予防給付なし	・現物給付に重点（現物給付を現金給付に変更する場合は半分に換算） ・受給者の4割強が施設サービスを選択（2000年12月）	・要支援者に対する予防給付 ・軽度から重度までの要介護者に対する介護給付 ・現物給付	・中重度を対象（3段階） ・現物給付が中心 ・現金給付（家族介護費だけ制限実施）

	ドイツ	ルクセンブルク	日　本	韓　国
給付限度額	・在宅介護 　要介護1 　　（384ユーロ） 　要介護3 　　（1,432ユーロ） 　極めて重度の介護 　　（1,918ユーロ） ・施設介護 　要介護1 　　（1,032ユーロ） 　要介護3 　　（1,432ユーロ） 　極めて重度の介護 　　（1,688ユーロ）		・在宅介護（ユニット型介護福祉施設） 　要支援1 　　（5,003単位） 　要介護1 　　（16,692単位） 　要介護3 　　（26,931単位） 　要介護5 　　（36,065単位） ・施設介護（ユニット型介護福祉施設） 　要介護1 　　（18,750単位） 　要介護3 　　（22,860単位） 　要介護5 　　（26,820単位） （注：1単位は10円）	・在宅介護 　要介護1 　　（1,140,600 　　　ウォン） 　要介護2 　（971,200ウォン） 　要介護3 　（814,700ウォン） ・施設介護 　要介護1 　（48,900ウォン） 　要介護2 　（45,290ウォン）， 　要介護3 　（41,670ウォン）
家族介護に対する給付	・現金給付あり（家族に対して受給者が支払うことができる） 　要介護1 　　（205ユーロ） 　要介護3 　　（665ユーロ） ・身内または隣人の介護人の年金保険料の半分を介護保険が負担	・現金給付あり（保険者に登録した家族介護者に対する給付が認められている） ・受給者の約8割が現金給付を選択（2003年。現金給付額の割合は給付費の24.7%）	・家族への現金給付はなし	・家族介護費：等級にかかわらず15,000ウォン
介護サービス事業者	・地方自治体その他の公益的事業主体を優先 ・施設設備投資費用の調達は州政府の責任	・現状はすべて非営利事業者だが、法律上は営利事業者も可能	・入所施設は非営利事業者に限定。ただし有料老人ホームなどの特定施設は営利法人も可能 ・在宅サービスは民間営利事業者、NPO法人等にも開放 ・入所施設については補助金がある（2006年度からは交付金制度。有料老人ホームなどの住宅系については補助金なし。サービス付き高齢者向け賃貸住宅には建設補助金あり）	・介護サービス事業者は市町村区の認可を受けて設立 ・市町村区が指導監督

	ドイツ	ルクセンブルク	日　本	韓　国
介護報酬	・施設：介護金庫と施設との個別契約 ・在宅：サービス内容ごとに全国統一のポイント設定 ・介護保険の上限額を上回る対価の場合は、利用者本人（または公的扶助）が負担	・各専門資格者別の点数分類と給付1回当たりの従事員数、受給者数による密度点数分類が存在 ・介護給付の報酬計算は原則、各専門資格者の報酬単位に週当たり利用時間を掛けて算出 ・介護金庫が介護ケア職の代表団体との交渉で報酬単価を公定	・国が単価・基準を設定（市町村の級地別に差をつけた上乗せ割合を設定） ・介護サービス事業者は国の基準を下回る報酬設定が可能	・国が単価・基準を設定 ・介護保険の上限額を上回る対価の場合は、利用者本人が負担
サービス利用の自己負担	・なし ・施設サービスの居住費と食費は自己負担	・なし ・施設サービスの居住費と食費は自己負担	・定率1割〜3割負担 ・施設サービスの居住費と食費を自己負担（低所得者については負担上限あり） ・高額介護サービス費（負担額に上限を設定） ・生活保護受給者については「介護扶助」で給付	・在宅15% ・施設20% 　ただし、低所得者は自己負担の50%軽減、生活保護者は自己負担の免除
受給者	・0歳以上（年齢、原因の制限なし） ・中重度以上3段階（1〜3）の要介護者	・0歳以上（年齢、原因の制限なし） ・中重度以上の要介護者とされ、要介護度区分なし（6カ月以上週3時間半以上の介護が必要な者）	・40歳以上（65歳未満は特定疾病による者に限定） ・要支援者（予防給付） ・軽度の要介護者から重度の要介護者（介護給付） ・段階区分（予防給付2段階、介護給付5段階の計7段階）	・65歳以上の要介護者 ・65歳未満の老人性疾患により要介護状態となった者

	ドイツ	ルクセンブルク	日 本	韓 国
要介護認定	・疾病金庫のメディカル・サービス（主に医師に約800名にとって構成。通常1人の医師が自宅訪問して個別審査） ・リハビリが介護給付に優先（リハビリ前置主義）	・社会保障大臣監督下の介護保険給付評価指導室（医師、心理士、看護師、ソーシャルワーカー、理学・作業療法専門家等によって構成されるチーム） ・リハビリの重視	・市町村に設置されている介護認定審査会（保健・医療・福祉の専門家によって構成される合議体） ・予防の必要な者（要支援者）に対する予防給付を制度化	・国民健康保険公団が設置する介護等級判定委員会（市町村区民の推薦および公団の選任が半数ずつ） ・訪問調査と医師の意見書を基に判定
ケアプラン	・介護金庫メディカル・サービスが担当	・介護保険給付評価指導室が担当	・ケアマネジャー（介護支援専門員）または本人	・国民健康保険公団が担当
財政方式	・賦課方式	・賦課方式	・賦課方式 3年を単位とした財政運営 ・給付費の2分の1を保険料、2分の1を公費（国、地方自治体）	・賦課方式
保険料	・収入の1.95％（全国一律） ・事業主5割 ・連邦保険庁による財政調整 ・2005年次世代育成支援対策推進法	・総所得の1％（全国一律。利子配当など資産所得も算定対象） ・上限なし（他の保険制度では最低賃金の5倍が上限） ・事業主負担なし ・被扶養者の保険料負担なし ・保険料の所得税控除は低所得者を除きなし	・40歳以上65歳未満の医療保険加入者の保険料は全国一律の基準で算定（被用者については事業主負担あり。保険者ごとの独自の判断で負担額を算定） ・65歳以上の者の保険料は市町村の給付費に応じて保険者が設定（市町村ごとに保険料額が変わる） ・生活保護受給者の保険料は生活扶助で給付	・保険料率は医療保険料の一定割合（2008年度は4.7％、2012年度6.55％）

		ドイツ	ルクセンブルク	日 本	韓 国
給付費への公費負担		・なし	・国庫負担金あり（支出の45％） ・電力会社への特別賦課税3.5％の3分の2	・公費負担あり（給付費の5割） ・在宅給付費については、国25％、都道府県・市町村それぞれ12.5％ ・施設給付費は、国20％、都道府県17.5％、市町村12.5％	・公費負担あり（20％）
サービスの質の維持・向上		・介護サービス事業者は品質確保改善に関する基準を設定し、遵守義務（自己責任）あり ・第三者による定期的な審査と証明の義務づけ	・施設サービスを提供する「介護ケア施設」は、公私ともに保険者と契約し、国の所轄官庁の認可を受ける	・都道府県知事または市町村長による事業者指定 ・都道府県知事または市町村長による指導監査 ・国民健康保険団体連合会による介護サービス費の審査支払い等	・市町村区による指導監督 ・国民健康保険公団による定期的なサービスの質の評価

※注 ： 1ユーロ ： 126.5円
　　　　1ウォン ： 0.10円　　　（2016年4月）

（参考）

	フランス
財政方式	税方式 財源：県税3分の2、国庫3分の1
施行時期	2002年1月
実施主体	県
給付対象者	60歳以上の要介護者
要介護区分	6段階（軽度の2段階は給付対象外）
サービス利用方法	医師や福祉職員が構成する医療福祉チームが作成するケアプランに基づいて利用
給付内容	・在宅個別自立手当（在宅APA） ・施設個別自立手当（施設APA） ※在宅APA（ホームヘルプ）で家族（配偶者、内縁者は不可）を雇用する場合、実質的に現金給付となる。
自己負担	収入に応じて最大90％の利用者負担 ※施設サービスの宿泊・食費は自己負担

問題
1

日本の介護保険制度の特徴について 列挙せよ。

問題
2

介護保険制度の国際比較について、以下の選択肢 のうち誤っているものを１つ選びなさい。

①ドイツの介護保険制度における保険給付は、中重度を対象に現金給付が中心 で創設された。

②ルクセンブルクの介護保険制度における介護サービス事業者は、現状ではす べて非営利事業者である。

③韓国の介護保険制度では、家族介護に対する現金給付がある。

④ドイツの介護保険制度では、サービス利用の自己負担率は、在宅が15％、 施設は20％である。

⑤ルクセンブルクの介護保険制度における受給者年齢は、0歳以上である。

確認問題

解答　解説

解答例 1

①社会保険方式である

②介護保険の実施運営にあたる保険者は、市町村である

③サービスの利用は、高齢者自身による「選択」に基づく契約によるとしている

④専門職（ケアマネジャー）による居宅介護支援（ケアマネジメント）の仕組みが導入されている

⑤介護サービスの現物給付の仕組みとなっている

⑥保険給付と保険給付対象外のサービスを併せて利用できる混合給付が認められている

⑦予防給付も保険給付の対象である

⑧被保険者の保険料の納付と徴収について、医療保険と年金保険の保険者による支援によって市町村の事務負担の軽減、確実な保険料収納が可能となっている

⑨40歳以上の被保険者の保険料と国・都道府県市町村の税財源による公費負担とによる介護保険独自の費用負担・財源構造となっている

解答
2　④

解説
2

① ○　選択肢のとおり。

② ○　選択肢のとおり。現状はすべて非営利事業者ですが、法律上は営利事業者も可能です。

③ ○　選択肢のとおり。ドイツやルクセンブルクでは家族介護に対する現金給付があります。

④ ×　ドイツの介護保険制度では、サービス利用の自己負担はありません。ただし、施設サービスの居住費と食費については自己負担があります。

⑤ ○　選択肢のとおり。ドイツも0歳以上です。

第**3**章
介護保険制度の状況と改正経過

1 介護保険制度の実施状況

2 介護保険制度の改正経過

1 介護保険制度の実施状況

　介護保険制度の創設は、高齢者の過剰な貯蓄傾向を是正し、日々の国民生活の質を高める内需を拡大し、雇用の創出にもつながるなど、わが国の社会生活・産業構造の改革に大きな刺激を与えることが期待されました。

　介護保険制度の実施後、介護サービス事業が拡大し介護サービス従事者も大きく増加しました。

1 被保険者、認定者、受給者数の推移

　介護保険がスタートした平成12（2000）年4月の第1号被保険者数は2,165万人、要介護（要支援）認定者は218万で、同年度末は第1号被保険者2,242万人、要介護（要支援）認定者は256万人、介護サービスを実際に受けた者184万人でした。令和2（2020）年12月末現在、第1号被保険者数は3,573万人（1.59倍）、要介護（要支援）認定者は667万人（2.61倍）に、また介護サービスを実際に受けた者は509万人（2.77倍）へと増加しました。

　受給者数が大幅に増えたことは、この間に高齢化が進展しニーズが増大したこともありますが、介護保険が利用しやすい制度として国民の間に定着したことや、介護サービス提供基盤が拡充してきたことによるものと評価できます。

　介護サービス受給者（1か月平均）の推移をみると、平成12（2000）年度には施設サービス60万人、居宅サービス124万人でした。21年後の令和2（2020）年12月には介護施設サービス103万人（1.71倍。

特養62万人、老健35万人、介護医療院3.4万人、介護療養型医療施設1.7万人）、居宅介護サービス359万人（2.9倍。うち、ホームヘルプ114万人、デイサービス219万人、ショートステイ35万人、訪問看護61万人、小規模多機能11万人、定期巡回・随時対応型サービス3万人、看護小規模多機能型居宅介護1.5万人）、居住系サービス47万人（特定施設入居者生活介護26万人、認知症グループホーム21万人）となり、居宅サービス利用者の増加が大きいことがわかります。

図表3-1 ●これまでの20年間の対象者、利用者の増加

○介護保険制度は、制度創設以来20年を経過し、65歳以上被保険者数が約1.6倍に増加するなかで、サービス利用者数は約3.3倍に増加。高齢者の介護に無くてはならないものとして定着・発展している。

①65歳以上被保険者の増加

	2000年4月末		2020年4月末	
第1号被保険者数	2,165人	⇒	3,558万人	1.6倍

②要介護（要支援）認定者の増加

	2000年4月末		2020年4月末	
認定者数	218万人	⇒	669万人	3.1倍

③サービス利用者の増加

	2000年4月末		2020年4月末	
在宅サービス利用者数	97万人	⇒	384万人	4.0倍
施設サービス利用者数	52万人	⇒	95万人	1.8倍
地域密着型サービス利用者数	－		84万人	
計	149万人	⇒	494万人※	3.3倍

（出典：介護保険事業状況報告）

※居宅介護支援、介護予防支援、小規模多機能型サービス、複合型サービスを足し合わせたもの、並びに、介護保険施設、地域密着型介護老人福祉施設、特定入所者生活介護（地域密着型含む）、及び認知症対応型共同生活介護の合計。在宅サービス利用者数、施設サービス利用者数及び地域密着型サービス利用者数を合計した、延べ利用者数は563万人。

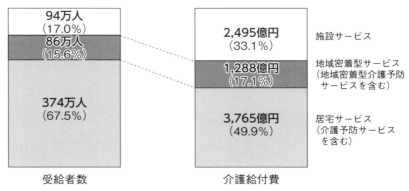

図表3-2 ●受給者数と介護給付の構成割合（平成30年）

94万人（17.0%）
86万人（15.6%）
374万人（67.5%）
受給者数

2,495億円（33.1%）　施設サービス
1,288億円（17.1%）　地域密着型サービス（地域密着型介護予防サービスを含む）
3,765億円（49.9%）　居宅サービス（介護予防サービスを含む）
介護給付費

（注1）高額介護サービス費、高額医療合算介護サービス費、特定入所者介護サービス費は含まない
（注2）平成28年4月1日から、居宅サービスである通所介護のうち、小規模な通所介護や療養通所介護は地域密着型サービスに移行。
（注3）平成29年度から全市町村で介護予防・日常生活支援総合事業を実施。予防給付のうち訪問介護と通所介護については終了。

出典：平成30年度介護保険事業状況報告月報(1か月平均)

2 介護サービス費・介護給付費の推移

　介護サービス費（自己負担分を含む総費用）の推移をみると、平成12年度の3.6兆円から、平成30年度は10.4兆円へと増加しました。平成7年度の介護サービス費用は2.2兆円（推計。医療1.1兆円・福祉1兆円）でしたから、要介護高齢者の増加、介護保険実施に伴うサービス基盤整備の進展、利用率の上昇等に伴って約3倍に増加したことがわかります。

　介護給付費（総費用から自己負担分を除く）の推移をみると、平成12年度の3兆2,247億円（施設66.1%、居宅33.9%）から、平成30年度は9兆6,266億円（施設33.1%、居宅49.9%、地域密着型17.1%）へと、居宅の伸びが大きく、介護給付費の約5割になりました。在宅重視という政策目的が実現されつつあるといえます。

　介護サービス費の増加は、介護保険制度が国民生活のなかに定着してきていることを示します。また、介護サービスの質と量の改善・充実による国民の安心の向上、生活の質の向上に直結した内需拡大と雇用機会の創出という視点でみることも重要です。

　その一方で、介護保険料や公費負担が増大するのに伴い、厳しい経済財政状況の下で将来の安定した制度運営への不安を指摘する意見も出るようになってきました。介護保険料など国民負担の増加という観点を重視しすぎることにも問題がありますが、公費負担財源や保険料負担の増大に対する制約が強まることは避けられません。

　介護サービス費の財源確保に対する理解を得るためにも、介護予防の充実、介護サービスの提供と利用の両面における適正化と効率化が課題となります。

図表3-3 ●年度別給付費の推移

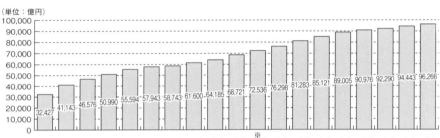

（注）高額介護サービス費、高額医療合算介護サービス費、特定入所者介護サービス費を含む。
※東日本大震災の影響により、22年度累計の数値には福島県内5町1村の数値は含まれていない。
出典：平成26年度介護保険事業状況報告年報

3 介護保険料の推移

　介護保険料は、3年に1度策定される介護保険事業計画に基づき、保険者（市町村）ごとにそれぞれの介護サービス費の水準に応じて設定されます。

　介護保険料の全国平均額は、平成12年度からの3年間は2,911円であったのが、令和3年度からの3年間は6,014円（2.1倍）と増加しました。これは、介護サービス費、介護給付費の増大と軌を一にするものです。

図表3-4 ● 第1号保険料の推移

② 第1号保険料の推移（月額・加重平均）
⇒　第1号保険料は第1期（H12〜14）から第8期（R3〜R5）で約2.1倍に

第1期 (H12〜14年度)	第2期 (H15〜17年度)	第3期 (H18〜20年度)	第4期 (H21〜23年度)	第5期 (H24〜26年度)	第6期 (H27〜29年度)	第7期 (H30〜R2年度)	第8期 (R3〜R5年度)
2,911円	3,293円 (+13%)	4,090円 (+24%)	4,160円 (+1.7%)	4,972円 (+20%)	5,514円 (+10.9%)	5,869円 (+6.4%)	6,014円 (+2.5%)

出典：厚生労働省資料

　令和３（2021）年度からの介護保険料を保険者別にみると、最高額が東京都青ヶ島村の9,800円、最低額が北海道音威子府村の3,300円と、約3.0倍の開きとなっています。介護サービスの整備水準状況や利用実態の差異などがこの数字に表れています。

4　国庫負担額の増加

　介護保険制度では、国に施設等給付以外の給付については介護給付費の４分の１の国庫負担を義務づけています。国庫負担額は平成12年度8,100億円、15年度１兆2,800億円、18年度１兆5,100億円、21年度１兆7,800億円と増加し、24年度は２兆3,400億円、27年度２兆6,201億円、30年度は２兆7,622億円、令和３年度には３兆393億円となっています（国の一般歳出予算66兆9,020億円の約4.5％）。なお、この額には、介護給付費の４分の１の国庫負担のほかに、協会けんぽと国保加入の第２号被保険者の介護保険料に対しては国庫負担が投入されていますが、その額2,493億円（令和３年度）を含んでいます。

2 介護保険制度の改正経過

　介護保険制度の運営に大きな影響を与えるのは、介護保険法の改正と3年に1度行われる介護報酬の改定です。

1 介護保険法の主な改正

平成17（2005）年6月改正（18年4月施行、一部同年10月施行）

- ・予防給付の見直し、地域支援事業の創設
- ・施設における居住費・食費負担の見直し
- ・地域密着型サービスの導入、地域包括支援センターの創設
- ・介護サービスの情報の公表

平成20（2008）年5月改正（21年5月施行）

- ・業務管理の体制整備義務
- ・指導監督体制の強化（事業者本部への立入検査）
- ・サービス確保対策（事業廃止時のサービス確保を事業者に義務化）

平成23（2011）年6月改正（24年4月施行）

- ・介護療養病床の転換期限延長
- ・介護福祉士資格取得方法の見直しの延期
- ・介護職員による痰の吸引の実施、保険料の上昇緩和のための財政
  安定化基金の取り崩し

平成26（2014）年6月改正（27年4月・8月施行）

・在宅医療・介護連携の推進

・認知症施策の推進

・地域ケア会議の推進

・生活支援サービスの充実強化

・予防給付の見直し（新しい介護予防・日常生活支援総合事業）

・特別養護老人ホーム入所者の重点化（要介護度3以上を対象）

・利用者負担の見直し、補足給付の見直し

・サービス付き高齢者向け住宅への住所地特例の適用

平成29（2017）年6月改正（30年4月施行）

・全市町村が保険者機能を発揮し、自立支援・重度化防止に向けて取り組む仕組みの制度化

・「日常的な医学管理」、「看取り・ターミナル」等の機能と「生活施設」としての機能を兼ね備えた介護医療院の創設

・介護保険と障害福祉制度に新たな共生型サービスを位置づけ

・特に所得の高い層の利用者負担割合の見直し（2割→3割）

・被用者保険等保険者に係る介護納付金の額の算定に係る「総報酬割」の導入

令和2（2020）年6月改正（3年4月施行）

・地域住民の複雑化・複合化した支援ニーズに対応する市町村の包括的な支援体制の構築の支援

・地域の特性に応じた認知症施策や介護サービス提供体制の整備等の推進

・医療・介護のデータ基盤の整備の推進

・介護人材確保及び業務効率化の取組の強化

・社会福祉連携推進法人制度の創設

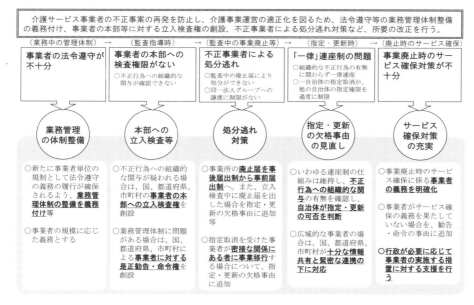

図表3-5 ●平成17年度介護保険制度改革の基本的な視点と主な内容

○明るく活力ある超高齢社会の構築　　○制度の持続可能性　　○社会保障の総合化

・軽度者の大幅な増加 ・軽度者に対するサービスが状態の改善につながっていない	・在宅と施設の利用者負担の公平性	・独居高齢者や認知症高齢者の増加 ・在宅支援の強化 ・医療と介護との連携	・利用者によるサービスの選択を通じた質の向上	・低所得者への配慮 ・市町村の事務負担の軽減
予防重視型システムへの転換	**施設給付の見直し** ※	**新たなサービス体系の確立**	**サービスの質の確保・向上**	**負担の在り方・制度運営の見直し**
○新予防給付の創設 ○地域支援事業の創設	○居住費用・食費の見直し ○低所得者に対する配慮	○地域密着型サービスの創設 ○地域包括支援センターの創設 ○居住系サービスの充実	○介護サービス情報の公表 ○ケアマネジメントの見直し	○第1号保険料の見直し ○保険者機能の強化

図表3-6 ●平成20年度介護保険制度改正の概要

介護サービス事業者の不正事案の再発を防止し、介護事業運営の適正化を図るため、法令遵守等の業務管理体制整備の義務付け、事業者の本部等に対する立入検査権の創設、不正事業者による処分逃れ対策など、所要の改正を行う。

（業務中の管理体制）→	（監査指導時）→	（監査中の事業廃止等）→	（指定・更新時）→	廃止時のサービス確保
事業者の法令遵守が不十分	事業者の本部への検査権限がない ○不正行為への組織的な関与が確認できない	不正事業者による処分逃れ ○監査中の廃止届により処分ができない ○同一法人グループへの譲渡に制限がない	「一律」連座制の問題 ○組織的な不正行為の有無に関わらず一律連座 ○一自治体の指定取消が、他の自治体の指定権限を過度に制限	事業廃止時のサービス確保対策が不十分
業務管理の体制整備	**本部への立入検査等**	**処分逃れ対策**	**指定・更新の欠格事由の見直し**	**サービス確保対策の充実**
○新たに事業者単位の規制として法令遵守の義務の履行が確保されるよう、**業務管理体制の整備を義務付け**等 ○事業者の規模に応じた義務とする	○不正行為への組織的な関与が疑われる場合は、国、都道府県、市町村の**事業者の本部への立入検査権**を創設 ○業務管理体制に問題がある場合は、国、都道府県、市町村による**事業者に対する是正勧告・命令権**を創設	○事業所の**廃止届を事後届出制から事前届出制**へ。また、立入検査中に廃止届を出した場合を指定・更新の欠格事由に追加等 ○指定取消を受けた事業者が**密接な関係にある者に事業移行**する場合について、指定・更新の欠格事由に追加	○いわゆる連座制の仕組みは維持し、**不正行為への組織的な関与**の有無を確認し、**自治体が指定・更新の可否を判断** ○広域的な事業者の場合は、国、都道府県、市町村が**十分な情報共有と緊密な連携の下に対応**	○事業廃止時のサービス確保に係る**事業者の義務を明確化** ○事業者がサービス確保の義務を果たしていない場合を、勧告・命令の事由に追加 ○**行政が必要に応じて事業者の実施する措置に対する支援を行う**

図表3-7 ● 平成26年度介護保険制度改正

高齢者が住み慣れた地域で自立した生活を営めるよう、医療・介護・予防・住まい・生活支援サービスが切れ目なく提供できる
介護サービスの基盤強化「地域包括ケアシステム」の構築に向けた取組を進める。

1　**医療と介護の連携の強化等**
　①医療、介護、予防、住まい、生活支援サービスが連携した要介護者等への包括的な支援（地域包括ケア）を推進。
　②日常生活圏域ごとに地域ニーズや課題の把握を踏まえた介護保険事業計画を策定。
　③単身・重度の要介護者等に対応できるよう、「24時間対応の定期巡回・随時対応サービス」や「複合型サービス」を創設。
　④保険者の判断による「予防給付」と「生活支援サービス」の総合的な実施を可能とする。
　⑤「介護療養病床」の廃止期限（平成24年3月末）を猶予。（新たな指定は行わない。）

2　**介護人材の確保とサービスの質の向上**
　①介護福祉士や一定の教育を受けた介護職員等によるたんの吸引等の実施を可能とする。
　②介護福祉士の資格取得方法の見直し（平成24年4月実施予定）を延期。
　③介護事業所における労働法規の遵守を徹底、事業所指定の欠格要件及び取消要件に労働基準法等違反者を追加。
　④公表前の調査実施の義務付け廃止など介護サービス情報公表制度の見直しを実施。

3　**高齢者の住まいの整備等**
　○有料老人ホーム等における前払金の返還に関する利用者保護規定を追加。
　※厚生労働省と国土交通省の連携によるサービス付き高齢者向け住宅の供給を促進（高齢者住まい法の改正）

4　**認知症対策の推進**
　①市民後見人の育成及び活用など、市町村における高齢者の権利擁護を推進。
　②市町村の介護保険事業計画において地域の実情に応じた認知症支援策を盛り込む。

5　**保険者による主体的な取組の推進**
　①介護保険事業計画と医療サービス、住まいに関する計画との調和を確保。
　②地域密着型サービスについて、公募・選考による指定を可能とする。

6　**保険料の上昇の緩和**
　○各都道府県の財政安定化基金を取り崩し、介護保険料の軽減等に活用。

図表3-8 ●平成29年度介護保険制度改正

高齢者の自立支援と要介護状態の重度化防止、地域共生社会の実現を図るとともに、制度の持続可能性を確保することに配慮し、サービスを必要とする方に必要なサービスが提供されるようにする。

I 地域包括ケアシステムの深化・推進

1 **自立支援・重度化防止に向けた保険者機能の強化等の取組の推進**
　①全市町村が保険者機能を発揮し、自立支援・重度化防止に向けて取り組む仕組みの制度化。
　②地域包括支援センターの機能強化（市町村による評価の義務づけ等）、居宅サービス事業者の指定等に対する保険者の関与強化（小規模多機能等を普及させる観点からの指定拒否の仕組み等の導入）、認知症施策の推進。

2 **医療・介護の連携の推進等**
　①「日常的な医学管理」や「看取り・ターミナル」等の機能と、「生活施設」としての機能とを兼ね備えた、新たな介護保険施設として「介護医療院」を創設（現行の介護療養病床の経過措置期間については、6年間延長）。
　②医療・介護の連携等に関し、都道府県による市町村に対する必要な情報の提供その他の支援の規定を整備。

3 **地域共生社会の実現に向けた取組の推進等**
　①市町村による地域住民と行政等との協働による包括的支援体制作り、福祉分野の共通事項を記載した地域福祉計画の策定の 努力義務化。
　②高齢者と障害児者が同一事業所でサービスを受けやすくするため、介護保険と障害福祉制度に新たに共生型サービスを位置付ける。
　③その他有料老人ホームの入居者保護のための施策の強化、障害者支援施設等を退所して介護保険施設等に入所した場合の保険者の見直し。

II 介護保険制度の持続可能性の確保

4 **2割負担者のうち特に所得の高い層の負担割合を3割とする**
　世代間・世代内の公平性を確保しつつ、制度の持続可能性を高める観点から、2割負担者のうち特に所得の 高い層の負担割合を3割とする（月額44,400円の負担の上限）。
5 **介護納付金への総報酬割の導入**
　各医療保険者が納付する介護納付金（40〜64歳の保険料）について、被用者保険間では『総報酬割』（報酬額に比例した負担）とする。

図表3-9 ●令和2年度介護保険制度改正

地域共生社会の実現を図るため、地域住民の複雑化・複合化した支援ニーズに対応する包括的な福祉サービス提供体制を整備する観点から、市町村の包括的な支援体制の構築の支援、地域の特性に応じた認知症施策や介護サービス提供体制の整備等の推進、医療・介護のデータ基盤の整備の推進、介護人材確保及び業務効率化の取組の強化、社会福祉連携推進法人制度の創設等の所要の措置を講ずる。

1　地域住民の複雑化・複合化した支援ニーズに対応する市町村の包括的な支援体制の構築の支援
　　市町村において、既存の相談支援等の取組を活かしつつ、地域住民の抱える課題の解決のための包括的な支援体制の整備を行う、新たな事業及びその財政支援等の規定を創設するとともに、関係法律の規定の整備を行う。

2　地域の特性に応じた認知症施策や介護サービス提供体制の整備等の推進
　①認知症施策の地域社会における総合的な推進に向けた国及び地方公共団体の努力義務を規定する。
　②市町村の地域支援事業における関連データの活用の努力義務を規定する。
　③介護保険事業（支援）計画の作成にあたり、当該市町村の人口構造の変化の見通しの勘案、高齢者向け住まい（有料老人ホーム・サービス付き高齢者向け住宅）の設置状況の記載事項への追加、有料老人ホームの設置状況に係る都道府県・市町村間の情報連携の強化を行う。

3　医療・介護のデータ基盤の整備の推進
　①介護保険レセプト等情報・要介護認定情報に加え、厚生労働大臣は、高齢者の状態や提供される介護サービスの内容の情報、地域支援事業の情報の提供を求めることができると規定する。
　②医療保険レセプト情報等のデータベース（NDB）や介護保険レセプト情報等のデータベース（介護DB）等の医療・介護情報の連結精度向上のため、社会保険診療報酬支払基金等が被保険者番号の履歴を活用し、正確な連結に必要な情報を安全性を担保しつつ提供することができることとする。
　③社会保険診療報酬支払基金の医療機関等情報化補助業務に、当分の間、医療機関等が行うオンライン資格確認の実施に必要な物品の調達・提供の業務を追加する。

4　介護人材確保及び業務効率化の取組の強化
　①介護保険事業（支援）計画の記載事項として、介護人材確保及び業務効率化の取組を追加する。
　②有料老人ホームの設置等に係る届出事項の簡素化を図るための見直しを行う。
　③介護福祉士養成施設卒業者への国家試験義務付けに係る現行5年間の経過措置を、さらに5年間延長する。

5　社会福祉連携推進法人制度の創設

　　令和2（2020）年の改正は「地域共生社会の実現のための社会福祉法等の一部を改正する法律」の一環で行われたものです。「地域共生社会」とは、「子供・高齢者・障害者など全ての人々が地域、暮らし、生きがいを共に創り、高め合うことができる社会」です。

　　介護保険法においても、この改正により、国及び地方公共団体の責

務に「地域住民が相互に人格と個性を尊重し合いながら、参加し、共生する地域社会の実現に資する」ことが加えられています。

　社会福祉法の改正により、地域共生社会の実現を図るため、市町村において地域住民の複合・複雑化した支援ニーズに対応する包括的な支援体制を整備するとして、相談支援・参加支援・地域づくりに向けた支援を一体的に実施する事業として「重層的支援体制整備事業」が創設されました。

　介護保険法との関係では、相談支援については、地域包括支援センターの運営、また、地域づくりに向けた支援については、地域支援事業の一般介護予防事業のうち厚生労働大臣が定めるもの及び生活支援体制整備事業が対象となっています。

2　介護報酬の改定

　介護報酬は、介護サービス事業者の経営収支状況の調査結果に基づいて、介護人材の確保・定着など介護サービスの安定供給と質の向上の観点から、3年に1回改定されます。ただし、介護人材の処遇改善、消費税増税分への対応などのために不定期に改定されることもあります。

　医療保険の診療報酬は2年に1回改定される慣例になっていますが、介護保険は、介護サービスの態様からみて3年単位の財政運営とされており、介護報酬も3年ごとに改定される仕組みとなっています。

　高齢者の医療と介護は密接な関係にあり、サービス間の連携が重要なことから、医療と介護の報酬改定時期が重なる「6年ごと」の改定時の改定内容が関係者やサービス利用者にとって影響することが大きく、特に留意する必要があります。

　介護報酬改定率の推移及び平成24（2012）年度以降の介護報酬の改定内容の概要は、次のとおりです。

図表3-10●介護報酬改定の改定率について

改定時期	改定にあたっての主な視点	改定率
平成15年度改定	○ 自立支援の観点に立った居宅介護支援（ケアマネジメント）の確立 ○ 自立支援を指向する在宅サービスの評価 ○ 施設サービスの質の向上と適正化	▲2.3%
平成17年10月改定	○ 居住費（滞在費）に関連する介護報酬の見直し○ 食費に関連する介護報酬の見直し ○ 居住費（滞在費）及び食費に関連する運営基準等の見直し	
平成18年度改定	○ 中重度者への支援強化○ 介護予防、リハビリテーションの推進 ○ 地域包括ケア、認知症ケアの確立○ サービスの質の向上 ○ 医療と介護の機能分担・連携の明確化	▲0.5%［▲2.4%］ ※［ ］は平成17年10月改定分を含む。
平成21年度改定	○ 介護従事者の人材確保・処遇改善○ 医療との連携や認知症ケアの充実 ○ 効率的なサービスの提供や新たなサービスの検証	3.0%
平成24年度改定	○ 在宅サービスの充実と施設の重点化○ 自立支援型サービスの強化と重点化 ○ 医療と介護の連携・機能分担 ○ 介護人材の確保とサービスの質の評価（交付金を報酬に組み込む）	1.2%
平成26年度改定	○ 消費税の引き上げ（8％）への対応 ・基本単位数等の引上げ・区分支給限度基準額の引上げ	0.63%
平成27年度改定	○ 中重度の要介護者や認知症高齢者への対応の更なる強化 ○ 介護人材確保対策の推進（1.2万円相当） ○ サービス評価の適正化と効率的なサービス提供体制の構築	▲2.27%
平成29年度改定	○ 介護人材の処遇改善（1万円相当）1.14%	
平成30年度改定	○ 地域包括ケアシステムの推進 ○ 自立支援・重度化防止に資する質の高い介護サービスの実現 ○ 多様な人材の確保と生産性の向上 ○ 介護サービスの適正化・重点化を通じた制度の安定性・持続可能性の確保	0.54%
令和元年10月改定	○ 介護人材の処遇改善 ○ 消費税の引上げ（10％）への対応 ・基本単位数等の引上げ・区分支給限度基準額や補足給付に係る基準費用額の引上げ	2.13% 　処遇改善1.67% 　消費税対応0.39% 　補足給付0.06%
令和3年度改定	○ 感染症や災害への対応力強化 ○ 地域包括ケアシステムの推進 ○ 自立支援・重度化防止の取組の推進 ○ 介護人材の確保・介護現場の革新 ○ 制度の安定性・持続可能性の確保	介護職員の人材確保・処遇改善にも配慮しつつ、物価動向による物件費への影響など介護事業者の経営を巡る状況等を踏まえ、 0.70% ※うち、新型コロナウイルス感染症に対応するための特例的な評価0.05%（令和3年9月末まで）

図表3-11 ● 平成24 (2012) 年度の介護報酬改定

1.2% (在宅＋1.0%、施設＋1.2%)

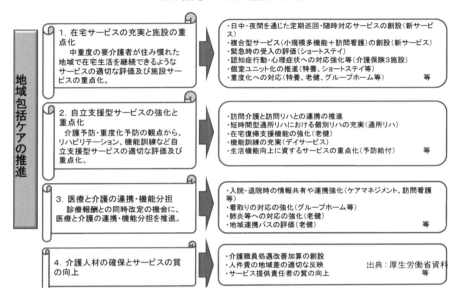

地域包括ケアの推進

1. 在宅サービスの充実と施設の重点化
   中重度の要介護者が住み慣れた地域で在宅生活を継続できるようなサービスの適切な評価及び施設サービスの重点化。
   → ・日中・夜間を通じた定期巡回・随時対応サービスの創設(新サービス)
   ・複合型サービス(小規模多機能＋訪問看護)の創設(新サービス)
   ・緊急時の受入の評価(ショートステイ)
   ・認知症行動・心理症状への対応強化等(介護保険3施設)
   ・個室ユニット化の推進(特養、ショートステイ等)
   ・重度化への対応(特養、老健、グループホーム等)　　　　等

2. 自立支援型サービスの強化と重点化
   介護予防・重度化予防の観点から、リハビリテーション、機能訓練など自立支援型サービスの適切な評価及び重点化。
   → ・訪問介護と訪問リハとの連携の推進
   ・短時間型通所リハにおける個別リハの充実(通所リハ)
   ・在宅復帰支援機能の強化(老健)
   ・機能訓練の充実(デイサービス)
   ・生活機能向上に資するサービスの重点化(予防給付)　　　等

3. 医療と介護の連携・機能分担
   診療報酬との同時改定の機会に、医療と介護の連携・機能分担を推進。
   → ・入院・退院時の情報共有や連携強化(ケアマネジメント、訪問看護等)
   ・看取りの対応の強化(グループホーム等)
   ・肺炎等への対応の強化(老健)
   ・地域連携パスの評価(老健)　　　　等

4. 介護人材の確保とサービスの質の向上
   → ・介護職員処遇改善加算の創設
   ・人件費の地域差の適切な反映
   ・サービス提供責任者の質の向上　　　　等

出典：厚生労働省資料

図表3-12 ● 24時間対応の定期巡回・随時対応サービスの創設 (平成24年)

○重度者を始めとした要介護高齢者の在宅生活を支えるため、日中・夜間を通じて、訪問介護と訪問看護が密接に連携しながら、短時間の定期巡回型訪問と随時の対応を行う「定期巡回・随時対応サービス」を創設する。

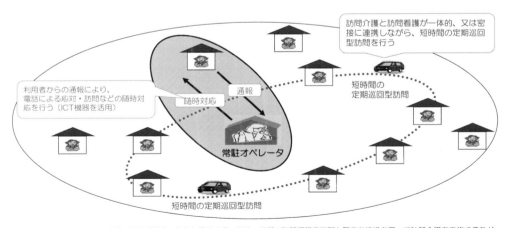

※　1つの事業所から訪問介護・訪問看護を一体的に提供する、又は、外部の訪問看護事業所と緊密な連携を図って訪問介護を実施するなど、訪問介護と訪問看護の密接な連携を図りつつ実施する。
※　在宅支援診療所等、地域の医療機関との連携も重要となる。
※　地域密着型サービスとして位置づけ、市町村 (保険者) が主体となって、圏域ごとにサービスを整備できるようにする。

図表3-13 ●平成27（2015）年度の介護報酬改定

○　地域包括ケアシステムの実現に向け、介護を必要とする高齢者の増加に伴い、在宅サービス、施設サービス等の増加に必要な経費を確保する。

○　また、平成27年度介護報酬改定においては、介護職員の処遇改善、物価の動向、介護事業者の経営状況、地域包括ケアの推進等を踏まえ、▲2.27％の改定率とする。

改定率▲2.27％
（処遇改善：＋1.65％、介護サービスの充実：＋0.56％、その他：▲4.48％）
（うち、在宅 ▲1.42％、施設 ▲0.85％ ）

（改定の方向）

・　中重度の要介護者や認知症高齢者になったとしても、「住み慣れた地域で自分らしい生活を続けられるようにする」という地域包括ケアシステムの基本的な考え方を実現するため、引き続き、在宅生活を支援するためのサービスの充実を図る。

・　今後も増大する介護ニーズへの対応や質の高い介護サービスを確保する観点から、介護職員の安定的な確保を図るとともに、更なる資質向上への取組を推進する。

・　介護保険制度の持続可能性を高め、より効果的かつ効率的なサービスを提供するため、必要なサービス評価の適正化や規制緩和等を進める。

図表3-14 ●複合型サービスの創設（平成27年）

○　小規模多機能型居宅介護と訪問看護など、複数の居宅サービスや地域密着型サービスを組み合わせて提供する複合型事業所を創設する。
○　これにより、利用者は、ニーズに応じて柔軟に、医療ニーズに対応した小規模多機能型サービスなどの提供を受けられるようになる。また、事業者にとっても、柔軟な人員配置が可能になる、ケアの体制が構築しやすくなるという利点がある。

○　それぞれのサービスごとに別々の事業所からサービスを受けるため、サービス間の調整が行いにくく、柔軟なサービス提供が行いにくい。

○　小規模多機能型居宅介護は、地域包括ケアを支える重要なサービスだが、現行の小規模多機能型居宅介護は、医療ニーズの高い要介護者に十分対応できていない。

○　1つの事業所から、サービスが組み合わされて提供されるため、サービス間の調整が行いやすく、柔軟なサービス提供が可能。

○　小規模多機能型居宅介護と訪問看護を一体的に提供する複合型事業所の創設により、医療ニーズの高い要介護者への支援を充実することが可能。

図表3-15 ●地域包括ケアシステムの構築に向けた対応

○ 地域包括ケアシステムの構築に向けて、今後、増大することが予測される医療ニーズを併せ持つ中重度の要介護者や認知症高齢者への対応として、引き続き、在宅生活を支援するためのサービスの充実を図る。

○ 特に、24時間365日の在宅生活を支援する定期巡回・随時対応型訪問介護看護を始めとした包括報酬サービスの更なる機能強化等を図る。

○ また、地域の拠点としての機能を発揮して中重度の要介護者の在宅での生活を支援する役割を果たす施設サービスについて、それぞれに求められる機能を更に高めていく。

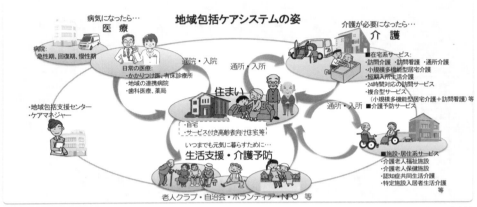

出典：厚生労働省資料

図表3-16 ●平成30年度介護報酬改定

団塊の世代が75歳以上となる2025年に向けて、国民1人1人が状態に応じた適切な
サービスを受けられるよう、平成30年度介護報酬改定により、質が高く効率的な介護
の提供体制の整備を推進。
改定率：＋0.54％

	主な事項
Ⅰ　地域包括ケアシステムの推進 中重度の要介護者も含め、どこに住んでいても適切な医療・介護サービスを切れ目なく受けることができる体制を整備	○中重度の在宅要介護者や、居住系サービス利用者、特別養護老人ホーム入所者の医療ニーズへの対応 ○医療・介護の役割分担と連携の一層の推進 ○医療と介護の複合的ニーズに対応する「介護医療院」の創設 ○ケアマネジメントの質の向上と公正中立性の確保 ○認知症の人への対応の強化 ○口腔衛生管理の充実と栄養改善の取組の推進 ○地域共生社会の実現に向けた取組の推進
Ⅱ　自立支援・重度化防止に資する質の高い介護サービスの実現 介護保険の理念や目的を踏まえ、安心・安全で、自立支援・重度化防止に資する質の高い介護サービスを実現	○リハビリテーションに関する医師の関与の強化 ○リハビリテーションにおけるアウトカム評価の拡充 ○外部のリハビリ専門職等との連携の推進を含む訪問介護等の自立支援・重度化防止の推進 ○通所介護における心身機能の維持に係るアウトカム評価の導入 ○褥瘡の発生予防のための管理や排泄に介護を要する利用者への支援に対する評価の新設 ○身体的拘束等の適正化の推進
Ⅲ　多様な人材の確保と生産性の向上 人材の有効活用・機能分化、ロボット技術等を用いた負担軽減、各種基準の緩和等を通じた効率化を推進	○生活援助の担い手の拡大 ○介護ロボットの活用の促進 ○定期巡回型サービスのオペレーターの専任要件緩和 ○ICTを活用したリハビリテーション会議への参加 ○地域密着型サービスの運営推進会議の開催方法・開催頻度の見直し
Ⅳ　介護サービスの適正化・重点化を通じた制度の安定性・持続可能性の確保 介護サービスの適正化・重点化を図ることにより、制度の安定性・持続可能性を確保	○福祉用具貸与の価格の上限設定 ○集合住宅居住者への訪問介護等に関する減算及び区分支給限度基準額の計算方法の見直し ○サービス提供内容を踏まえた訪問看護の報酬体系の見直し ○通所介護の基本報酬のサービス提供時間区分の見直し ○長時間の通所リハビリの基本報酬の見直し

出典：厚生労働省資料

図表3-17 ● 令和3年度介護報酬改定

新型コロナウイルス感染症や大規模災害が発生する中で「感染症や災害への対応力強化」を図るとともに、団塊の世代の全てが75歳以上となる2025年に向けて、2040年も見据えながら、「地域包括ケアシステムの推進」、「自立支援・重度化防止の取組の推進」、「介護人材の確保・介護現場の革新」、「制度の安定性・持続可能性の確保」を図る。
　改定率：＋0.70%
※うち、新型コロナウイルス感染症に対応するための特例的な評価0.05%（令和3年9月末までの間）

	主な事項
1　「感染症や災害への対応力」の強化 感染症や災害が発生した場合であっても、利用者に必要なサービスが安定的・継続的に提供される体制を構築	○日頃からの備えと業務継続に向けた取組の推進 ・感染症対策の強化 ・業務継続に向けた取組の強化 ・災害への地域と連携した対応の強化 ・通所介護等の事業所規模別の報酬等に関する対応
2　「地域包括ケアシステム」の推進 住み慣れた地域において、利用者の尊厳を保持しつつ、必要なサービスが切れ目なく提供されるよう取組を推進	○認知症への対応力向上に向けた取組の推進 ○看取りへの対応の充実 ○医療と介護の連携の推進 ○在宅サービス、介護保険施設や高齢者住まいの機能・対応強化 ○ケアマネジメントの質の向上と公正中立性の確保 ○地域の特性に応じたサービスの確保
3　「自立支援・重度化防止」の取組の推進 制度の目的に沿って、質の評価やデータ活用を行いながら、科学的に効果が裏付けられた質の高いサービスの提供を推進	○リハビリテーション・機能訓練、口腔、栄養の取組の連携・強化 ○介護サービスの質の評価と科学的介護の取組の推進 ○寝たきり防止等、重度化防止の取組の推進
4　「介護人材の確保・介護現場の革新」 喫緊・重要な課題として、介護人材の確保・介護現場の革新に対応	○介護職員の処遇改善や職場環境の改善に向けた取組の推進 ○テクノロジーの活用や人員基準・運営基準の緩和を通じた業務効率化・業務負担軽減の推進 ○文書負担軽減や手続きの効率化による介護現場の業務負担軽減の推進
5　制度の安定性・持続可能性の確保 必要なサービスは確保しつつ、適正化・重点化を図る	○評価の適正化・重点化 ○報酬体系の簡素化
6　その他の事項	・介護保険施設における「リスクマネジメント」の強化 ・「高齢者虐待防止」の推進 ・基準費用額（食費）の見直し ・基本報酬の見直し

出典：厚生労働省資料

問題1 以下の文章の（　　）に、適切な言葉を記入しなさい。

① 2000年に52万人であった（　　）サービスの利用者は、2020年には95万人と増加した。

② 2000年に97万人であった（　　）サービスの受給者は、2020年には384万人と増加した。

③ 第1号保険料の全国平均額は、第1期（平成12～14年）から第8期（令和3～令和5年）で約（　　）倍になった。

④ 介護保険制度では、施設等給付以外の給付について国に介護給付費の（　　）分の1の国庫負担を義務づけている。

問題2 介護保険法の改正の主な内容について、以下の選択肢のうち2021（令和3）年4月より施行されたものを選べ。

[選択肢]

① 業務管理の体制整備

② 認知症介護基礎研修受講の義務づけ

③ 地域密着型サービスの導入

④ 特別養護老人ホーム入所者の重点化（要介護度3以上を対象）

⑤ 保険料の上昇緩和のための財政安定基金の取り崩し

⑥ 介護医療院の創設

解答 1

①：施設（サービス）

②：居宅（サービス）

③：2.1（倍）

④：4（分の1）

解説 1

②介護サービス受給者は、20年で約350万人増加しました。特に居宅サービスの伸びが大きい。

③第1期（平成12～14年）の2,911円から第8期（令和3～令和5年）の6,014円と約2.1倍に増加した。第7期（平成21～23年）の4,160円からも41％増となっています。

④介護給付費における公費負担は、平成12年度8,100億円から年々増加傾向にあり、令和3年度は3兆393億円となっている。

解答 2　②

解説 2

①　×　平成21（2009）年5月施行

②　○　令和3（2021）年4月施行（3年の経過措置期間あり）

③　×　平成18（2006）年4月施行

④　×　平成27（2015）年4月施行

⑤　×　平成24（2012）年4月施行

⑥　×　平成30（2018）年4月施行

第**4**章
保険者と被保険者

1 保険者

2 被保険者

1 保険者

1 保険者

　「保険者」とは、保険を実施・運営する主体をいいます。一定の要件に該当するものを「被保険者」として強制加入させ、「保険料」の徴収など被保険者管理を行います。保険料収入や国・市町村・都道府県からの負担金などを財源として、保険財政の適正な運営を図りながら、「保険事故」が発生した場合に所要の「保険給付」を行います。

　介護保険の保険者は、市町村および特別区（東京23区）です。

　市町村は住民に密着した基礎的自治体で、住民の福祉・教育の増進を主たる任務としています。これまでの老人福祉・老人保健の行政における実績、介護サービスの地域性、保険料の設定徴収とサービスの給付管理との一体性の必要、地方分権の流れなどからみて、国民にもっとも身近な行政単位である市町村が保険者となることが当然視されましたし、適当だったからです。

　しかし、市町村を保険者とすることについては、行財政能力の乏しい小規模市町村では要介護認定事務や保険料収納などに関する不安があり抵抗感が強くありました。また、介護サービス提供基盤の整備状況にも未だ大きな格差がありました。保険者となる市町村側の理解と協力を得るためには、保険財政運営の不安感の除去、要介護認定などの保険者実務の円滑・適正な実施を可能とするための種々の支援措置が不可欠です。

　そうした観点から、国・都道府県・医療保険者による第2号保険料の収納事務、国・都道府県の負担も入れた「財政安定化基金」の設置

など、重層的な種々の措置が講じられています。

　上記のような保険者が本来果たすべき機能と役割を、他の組織・機関に分担させている点に着目すると、介護保険の保険者は、単に「市町村」というよりも「重層的保険者」というほうがより本質に近いといえます。

　また、被保険者数の少ない小規模保険者の運営の安定化・効率化を図る観点から、「広域連合」、「一部事務組合」を活用しての保険者の広域化、保険業務の共同実施が進みました。介護保険は制度創設当時、「地方分権」への試金石であるという評価があり、介護保険制度の実施は、その後の市町村合併など「平成の大合併」に向けた地ならしと触媒の役割を果たしたともいえます。

2 保険者の責務と事務

　市町村が保険者として行う主な業務は、次のとおりです。

（1）被保険者の資格管理

　介護保険運営のもっとも基礎となる業務が被保険者の資格管理です。住民基本台帳の情報に基づき、被保険者資格の「取得」と「喪失」を管理します。

　ただし、介護保険施設や特定施設等に入所・入居中の被保険者については前住所地の被保険者とされています（住所地特例）。このほか、一定の要件により障害者支援施設等に入所・入院している者は、当分の間、介護保険の被保険者としないこととされていますので、これらの者については別立ての管理が必要です。

（2）保険料の賦課と徴収

　市町村は、条例に基づき第1号被保険者に保険料を賦課し、徴収します。賦課する保険料率は、市町村介護保険事業計画に定める保険給付に要する費用の見込み額、財政安定化基金からの借入金の償還額、

第1号被保険者の所得の分布状況等に照らして、おおむね「3年を通じて財政の均衡」を保つことができるものでなければなりません。

保険料の徴収方法には、「特別徴収」と「普通徴収」があります。

特別徴収は、一定額以上の年金を受けている者について、年金の支給時に「天引き」することにより行います。

普通徴収は、特別徴収に該当しない者に対して、市町村が納付書を発行する方法によって行います。普通徴収では、第1号被保険者本人のほかに世帯主が納付義務を負うほか、配偶者は、他方の者の保険料について連帯納付義務を負います。

（3）介護認定審査会の設置と要介護・要支援認定

市町村は、地方自治法の規定により、要介護・要支援の審査判定のための「介護認定審査会」を設置します。介護認定審査会の委員定数は条例で定められ、市町村長が任命します。この審査判定業務は、都道府県に委託することもできますが、実施例はありません。また、要介護・要支援認定業務のうち、認定調査の業務等を「指定市町村事務受託法人」に委託することもできます。

市町村は、要介護・要支援認定の申請者について、訪問調査の結果および「主治医の意見書」等を介護認定審査会に通知して審査判定を求め、その結果に基づいて要介護又は要支援の「認定」の業務を行います。

（4）保険給付

介護認定審査会の審査判定を経て市町村長が要介護・要支援と認定した被保険者に対し、市町村は保険給付を行います。保険給付には、「介護給付」、「予防給付」、「市町村特別給付」があります（107頁、第5章参照。）。

（5）介護保険事業計画の策定

市町村は、保険給付の円滑な実施のため、厚生労働大臣が定める「介

護保険事業にかかる保険給付の円滑な実施を確保するための基本的な指針」に則して、市町村介護保険事業計画を策定します。市町村介護保険事業計画は、3年を1期とする計画であり、3年ごとに策定することとされています。各年度における介護給付の対象サービスの種類ごとに、その必要見込み量等の事項を定めることとされています。

　市町村介護保険事業計画は、市町村老人福祉計画と一体のものとして定めなければならないと同時に、市町村地域福祉計画その他の要介護高齢者等の保健・医療・福祉や居住に関する事項を定めた法定の計画との調和が保たれたものでなければならないこととされています。また、「被保険者の意見」を反映させるとともに、「都道府県の意見」を聴かなければならないこととされています。

（6）条例の制定

　市町村は、保険料、介護認定審査会の設置、居宅介護サービス費の種類、支給限度基準額の設定、市町村特別給付の実施、サービスや施設の人員・設備・運営に関する基準等、介護保険を運営するための重要な事項を条例により定めます。

（7）保険者機能の強化と地域密着型サービス事業者の指定等

　市町村は、事業者への立入権限を有し、指定取消要件に該当した事業者について都道府県への通知を行うとともに、居宅介護支援事業者、地域密着型サービスに対する指定・指導監督等、都道府県の事業者指定にあたっての意見提出を行う権限を有しています。

3　国・地方公共団体の責務と事務

（1）国の主な事務

　国は、介護保険事業の運営が健全・円滑に行われるように、サービス提供体制の確保に関する施策等の措置を講じなければならないとさ

れています。具体的には、次のとおりです。

①保険給付・地域支援事業への国庫負担、都道府県の設置する「財政安定化基金」に対する負担

②保険給付の円滑な実施を図るための「サービス基盤の整備に関する基本的な指針」の策定

③サービス基盤の整備への財政上の支援措置

④介護保険事業の健全・円滑な運営のための指導・監督・助言

⑤都道府県・市町村がサービスや施設の人員・設備・運営の基準を条例で制定する際の基準

⑥要介護・要支援認定基準の策定、その他各種基準の作成

⑦介護報酬の算定基準の設定等

（2）都道府県の主な事務

　都道府県は広域的な地方公共団体として、介護保険事業の健全・円滑な運営が行われるように市町村に対し援助することとされています。具体的には、次のとおりです。

①介護認定審査会の共同設置への支援、認定にかかる審査判定業務の市町村からの受託および受託した場合の介護認定審査会の設置

②都道府県介護保険事業支援計画の策定、市町村への助言

③事業者、施設の指定（または許可）・指定の更新、指導・監督、改善勧告・改善命令、指定の停止命令等（※指定都市、中核市に権限委譲）

④財政安定化基金の設置・運営

⑤介護支援専門員の試験・研修・登録等

⑥介護サービス情報の公表・調査等

（3）国・地方公共団体の責務

　国および地方公共団体は、被保険者が可能な限り住み慣れた地域でその能力に応じて自立した日常生活を営むことができるように、保険給付にかかる保健・医療・福祉サービスの施策、要介護状態等の予防・軽減・悪化防止の施策、地域における日常生活支援の施策を、医療等

の施策と連携を図りながら包括的に推進する責務があります。

　また、認知症に関する適切な保健医療・福祉サービスを提供するため、認知症の予防・診断・治療および認知症である者の特性に応じた介護方法の調査研究の推進とその成果の活用に努めるとともに、認知症である者の支援人材の確保・育成等を行うことも、大事な役割です。

4　医療保険者・年金保険者の責務と役割

　保険者である市町村を重層的に支えるために、医療保険者や年金保険者も介護保険の事務処理に関して積極的な支援の役割を果たすことを求められています。

(1) 社会保険診療報酬支払基金

　医療保険者は、介護保険の第2号被保険者から第2号介護保険料を医療保険料と併せて一体的に徴収し、納付金として社会保険診療報酬支払基金に納付します。社会保険診療報酬支払基金は、市町村に対して、それぞれの給付に要した費用について「介護給付費交付金」および「地域支援事業支援交付金」を交付します。

(2) 年金保険者

　日本年金機構等の年金保険者は、老齢退職年金・遺族年金・障害年金等の支払いを受けている65歳以上の者の氏名・住所等を当該市町村に通知します。また、市町村から特別徴収対象被保険者である旨の通知を受けた者について、年金支給時に介護保険の第1号保険料を年金額から「特別徴収」（年金からの天引き）し、当該市町村に納付します。

　これによって第一号被保険者は介護保険料納付に要する身体的・経済的負担が軽減されますし、また、保険者である市町村にとっても「確実な保険料収納」と「事務負担の軽減」が可能となります。

（3）国民健康保険団体連合会

　各都道府県に設立されている国民健康保険団体連合会は、次の業務を行います。

①市町村からの委託を受けて行う介護給付費の審査・支払事務

②サービスの質の向上に関する調査およびサービス事業者・施設への指導・助言、苦情処理

③市町村からの委託を受けて行う第三者行為の求償事務

④介護サービスの提供事業、介護保険施設の運営

⑤その他、介護保険事業の円滑な運営に資する事業

2 被保険者

1 被保険者

　被保険者とは、保険事故が発生した場合に、保険される主体として「保険給付を受ける者」をいいます。介護保険の被保険者には、65歳

図表4-1 ●介護保険制度の被保険者（加入者）

○介護保険制度の被保険者は、①65歳以上の者（第1号被保険者）、②40〜64歳の医療保険加入者（第2号被保険者）となっている。
○介護保険サービスは、65歳以上の者は原因を問わず要支援・要介護状態となったときに、40〜64歳の者は末期がんや関節リウマチ等の老化による病気が原因で要支援・要介護状態になった場合に、受けることができる。

	第1号被保険者	第2号被保険者
対象者	65歳以上の者	40歳から64歳までの医療保険加入者
人数	3,525万人 （65〜74歳：1,730万人、75歳以上：1,796万人）	4,192万人
受給要件	・要介護状態 （寝たきり、認知症等で介護が必要な状態） ・要支援状態 （日常生活に支援が必要な状態）	要介護、要支援状態が、末期がん・関節リウマチ等の加齢に起因する疾病（特定疾病）による場合に限定
要介護（要支援）認定者数と被保険者に占める割合	645万人（18.3%） 65〜74歳：73万人（4.2%） 75歳以上：572万人（31.8%）	13万人（0.3%）
保険料負担	市町村が徴収 （原則、年金から天引き）	医療保険者が医療保険の保険料と一括徴収

(注) 第1号被保険者及び要介護（要支援）認定者の数は、「介護保険事業状況報告」による平成30年度末現在の数
　　第2号被保険者の数は、医療保険者からの報告による平成30年度内の月平均値

以上の市町村の住民（第1号被保険者）と、40歳以上65歳未満の医療保険の加入者（第2号被保険者）とがあります。

　介護保険は、「保険事故」による危険・負担を分散させるとともに、健康で保険事故に遭遇するリスクの低い者、所得の高い者が加入（適用）を避け、高い危険性を有する者のみが加入するという「逆選択」を防止するため、社会保険の仕組み（強制適用・強制加入）をとっています。

　被保険者は「保険料」納付の義務を負い、要介護状態等になった場合には、保険者から給付を受けることができます（保険給付）。

　被保険者には、「被保険者証」が交付されます。

2 被保険者の要件

　被保険者となるための要件は「住所」と「年齢」です。一定の条件に該当する者は、その事実が発生した日に、何らの手続きを要せずに、被保険者になります。

（1）「住所を有する」

　一定の地を生活の本拠とする意思があり、その地に常住している事実があれば、「住所」と認められます。通常、住民基本台帳に記載された住所の情報による居住地が住所と認定され、その届け出が行われると、介護保険法上の届け出があったものとみなされます。

　1年以上にわたって介護福祉施設に入所すると予想される場合には、その者の住所は、当該施設の所在地になります。病院等に入院している者の住所は、医師の診断により1年以上の長期・継続的な入院治療を要すると認められる場合を除き、家族の居住地になります。

（2）住所地特例

　介護保険制度は、住所地である市町村の被保険者となる「住所地主

義」が原則ですが、特別養護老人ホームなどの介護保険施設、有料老人ホームなどの「特定施設」に入所・入居し、住所を施設所在地の住所に変更した場合、その者については、住所変更前の住所地の市町村が保険者となり、その被保険者となります。これを「住所地特例」といいます。2カ所以上の介護保険施設に入所し、順次、住所を施設の所在地に変更した場合には、この被保険者については、最初の施設入所前の住所地の市町村が保険者となります。

　この住所地特例は、施設所在地の市町村の財政負担が重くなり、ひいては施設整備が進まなくなったり、入所が忌避されたりといったことが生じないようにするために設けられたものです。（103頁の6を参照）

（3）住所地特例の対象施設

　住所地特例の対象施設は、

・「介護保険施設」（介護老人福祉施設 [特別養護老人ホーム] 介護老人保健施設、介護医療院、介護療養型医療施設）

・「特定施設」（有料老人ホーム、養護老人ホーム、軽費老人ホーム）

・一定の要件に該当する「サービス付き高齢者向け住宅」、です。

　「サービス付き高齢者向け住宅」は、「高齢者の居住の安定確保に関する法律」に基づき平成23（2011）年10月から制度化されました。この法律の第5条第1項の規定に基づき都道府県に登録を行ったうえで、特定施設入居者生活介護の指定を受けた場合、あるいは、有料老人ホームに該当するサービス（介護、家事、食事、健康管理）を提供し、かつ契約形態が利用権方式または賃貸借方式の場合には、住所地特例の対象施設となります。

3　第1号被保険者

　市町村の区域内に住所を有する65歳以上の者（保険者による被保

険者の把握を確実にするため、住所の変更について届け出義務があります）は、住所を有した日に、何らの手続きを要せずに、第1号被保険者になります。

　住所は、一定の地を生活の本拠にするという意思があり、その地に常住しているという事実があれば住所と認められます。通常、住民基本台帳に記載された住所の情報による居住地が住所と推定され、その届出が行われると介護保険法上の届出があったものとみなされます。また、1年以上にわたって介護福祉施設で生活すると予想される場合には、施設の所在地がその者の住所となります。

　なお、身体障害者療護施設等の入所・入院者など特別の理由のある者については、当分の間、介護保険の被保険者から除外されます。

4　第2号被保険者

　第2号被保険者は、市町村の区域内に住所を有する40歳以上65歳未満の医療保険加入者です。

　医療保険加入者としたのは、前記のように、医療保険者に介護保険の被保険者管理の実務を分担させ、医療保険料と介護保険料を一体的に徴収させることによって市町村の保険料収納の事務負担を軽減するとともに、確実な保険料収納を期待したからです。介護保険者となることに消極的だった市町村側の納得を得るためにも、こうした取扱いが不可欠であったのです。

　介護保険法案の検討段階の当初は、現役世代（例えば20歳以上）をすべて第2号被保険者として位置づけ、高齢者の保険料負担を軽減するための支援金・拠出金の担い手とすることを想定しました。しかし、

　　・第2号被保険者として位置づけ保険料負担をさせながら、保険給付の対象とならないのは保険という制度論として納得できない

　　・要介護状態になるリスクの低い若年世代の理解が得られず、国民年金と同様の保険料の未納・滞納問題が発生する

といった強い批判がありました。

　また、20歳以上の現役世代を介護保険の被保険者とし給付対象者とした場合には、ドイツのように、年齢や要介護状態等の発生原因を問わず、すべての障害者（児）を対象とすることになります。しかし、公費を財源に措置制度で行われてきた身体障害者福祉の行政サイドや身体障害者団体等では主体的で積極的な検討も行われていないのが実態でした。

　そこで、高齢者介護保険制度の観点から、40歳以上65歳未満の者を第2号被保険者とし、40歳以上という年齢を過ぎると加齢に伴って発生リスクの高まる疾病（特定疾病。現在、16の疾病が指定されています。45頁を参照）に起因して要介護状態等になった場合は給付対象者とするということで、与党や関係者の納得が得られました。

5　第2号被保険者の範囲をめぐる問題

　介護保険は、65歳以上の高齢者（第1号被保険者）、40歳以上65歳未満の現役層（第2号被保険者）を保険料負担者と位置づけて、負担者が給付を受けるという基本的組立てになっています。医療保険とは異なり、被扶養者という概念がない保険制度です。40歳未満の低年齢者を給付の対象とすることについては、前記4にあるように合意が得にくい実態がありました。

　20〜30歳代など若年世代の所得水準の低下が指摘されるなかで、介護保険制度は被保険者として保険料を負担させ、また、介護給付を行う際に一部負担を徴収することについては、負担の重さ、要介護状態等になるリスクの低さなどから、障害者福祉団体などから反対もありました。

　他方、自立と共同連帯という基本理念に照らすと、若年の現役層も含めて障害者の自立を支援することが必要とされますし、若年世代自身が事故等によって要介護状態になる、障害の児童の親になるリスク

もあります。

　こうしたリスクを社会保険の仕組みで支える観点からは、介護保険の被保険者の範囲を広げ、負担と給付の対象とするべきであるという考えもあります。

　この被保険者の範囲の問題は、介護保険創設段階の最大の論点の一つであり、介護保険法の附則第２条に「介護保険制度については、…（中略）…被保険者及び保険給付を受けられる者の範囲、…（中略）…を含め、この法律の施行後５年を目途としてその全般に関して検討が加えられ、その結果に基づき、必要な見直し等の措置が講ぜられるべきものとする」とされました。

　これを受けて厚生労働省は、社会保障審議会等の場を通じて、

・40歳以上としている被保険者の範囲について、例えば「20歳以上」、「25歳以上」または「30歳以上」へと年齢を引き下げたり、あるいは「被用者健康保険の被保険者」へ拡大すること

・その者が介護保険給付を受けることができるようにすること

・これにより高齢者や中高年層の１人当たり保険料負担を軽減すること

等の課題について、検討が行われました。

　平成16（2004）年12月、社会保障審議会介護保険部会は「被保険者・受給者の拡大に関する意見」において、「社会保障制度の一体的見直しのなかで、その可否を含め国民的な合意形成や具体的な制度改革案についてできる限り速やかに検討を進め結論を得ることが求められる」とし、「要介護となった理由や年齢のいかんにかかわらず介護を必要とするすべての人にサービスを給付し、併せて保険料を負担する層を拡大していくことにより、制度の普遍化の方向を目指すべきとの意見が多数であった。一方、きわめて慎重に対処すべきとの意見もあった」と報告しています。

　平成17（2005）年に障害者自立支援法が成立し、応益負担の考えに基づく利用者負担、自立行動能力に基づく「障害程度区分」と給付限度額の設定が行われました。これは、将来における介護保険制度と

障害者自立支援制度の関係整理に向けた布石という意味合いをもっていました。

　しかし、生まれながらにして障害がある人、あるいは乳幼児のときに障害を受けた人を介護保険の給付対象者とすることに対しては、障害者団体などから「公費で給付すべきで、福祉の後退である」、「被保険者ではない人に保険給付するのは、社会保険方式の原理に反するのではないか」、「障害者にとって定率１割の利用時の負担は重い」という強い批判がありました。

　平成24（2012）年６月に「地域社会における共生の実現に向けて新たな障害保健福祉施策を講ずるための関係法律の整備に関する法律」が成立し、それに基づいて、障害者自立支援法は「障害者の日常生活及び社会生活を総合的に支援するための法律（障害者総合支援法）」に題名が改められました（平成25年４月１日施行）。この法律においては、基本理念として、共生社会を実現するため、社会参加の機会の確保および地域社会における共生、社会的障壁の除去に資するよう総合的かつ計画的に行われることを掲げています。また、障害者の範囲に「難病」が加えられました。

　こうした経緯からみると、40歳未満の若年の障害者を介護保険の対象とすることは難しい情勢にあるといえます。しかし、介護保険料負担が上昇し、高齢者や40歳〜64歳までの世代の者の負担力を超えるといった懸念も高まってきていることから、介護保険料率を抑制するためにも第２号被保険者の範囲の拡大が重要な検討課題となっていく可能性もあります。

6 住所地特例

　高齢者の希望や自立支援の基本的な考え方からすると、それぞれの居住する地域で、自らの居宅において必要な介護サービスを利用すること「在宅介護」が基本です。しかし特別養護老人ホームなど介護保

険施設にも高いニーズがあり、入所待機者の解消、入所施設の整備は今もなお大きな課題です。

　介護保険施設にその所在地以外に居住する高齢者等が入所した場合に、施設所在地の市町村が財政負担をするというのでは、施設整備も進みませんし、他市町村の住民が受け入れられなくなるおそれも強くなります。

　そこで、介護保険施設、特定施設（有料老人ホーム、養護老人ホーム、軽費老人ホーム、一定のサービス付き高齢者向け住宅）のうち入居定員が30人以上であるものに入所・入居し、住所を施設所在地の市町村に変更した場合には、その市町村の介護費用の負担が重くなるので、その被保険者については住所変更前の市町村を保険者とする「住所地特例」が設けられています。2カ所以上の介護保険施設などに入所し、順次住所を施設所在地に移動した被保険者については、最初の施設入所前の住所地の市町村が保険者となります（98頁、2-2-（2）を参照。）。

問題 1 介護保険制度において、市町村が行う主な業務を説明しなさい。

問題 2 介護保険制度において、国が行う主な業務を説明しなさい。

問題 3 介護保険制度において、都道府県が行う主な業務を説明しなさい。

問題 4 介護保険制度において、国民健康保険団体連合会及び社会保険診療報酬支払基金が行う主な業務を説明しなさい。

確認問題

解答1

①被保険者の資格管理
②保険料の賦課と徴収
③介護認定審査会の設置と要介護・要支援認定
④保険給付
⑤介護保険事業計画の策定
⑥条例の制定
⑦保険者機能の強化と地域密着型サービス事業者の指定等

解答2

①保険給付・地域支援事業への国庫負担、都道府県の設置する「財政安定化基金」への負担
②保険給付の円滑な実施を図るためのサービス基盤の整備に関する基本的な指針の策定
③サービス基盤の整備への財政上の支援措置
④介護保険事業の健全・円滑な運営のための指導・監督・助言
⑤都道府県・市町村がサービスや施設の人員・設備・運営の基準を条例で制定する際の基準
⑥要介護・要支援認定基準の策定、その他各種基準の作成
⑦介護報酬の算定基準の設定等

解答3

①介護認定審査会の共同設置への支援、認定にかかる審査判定業務の市町村からの受託および受託した場合の介護認定審査会の設置
②都道府県介護保険事業支援計画の策定、市町村への助言
③事業者、施設の指定（または許可）・指定の更新、指導・監督、改善勧告・改善命令、指定の停止命令等
④財政安定化基金の設置・運営
⑤介護支援専門員の試験・研修・登録等
⑥介護サービス情報の公表・調査等

解答4

《国民健康保険団体連合会》
①市町村からの委託を受けて行う介護給付費等の審査・支払事務
②サービスの質の向上に関する調査およびサービス事業者・施設への指導・助言ならびに苦情処理
③市町村からの委託を受けて行う第三者行為の求償事務
④介護サービス提供事業や介護保険施設の運営
⑤その他、介護保険事業の円滑な運営に資する事業

《社会保険診療報酬支払基金》
　介護保険関係業務として、40歳以上65歳未満の医療保険加入者である第2号被保険者が負担する『介護給付及び予防給付（介護サービス）に要する費用』及び『介護予防等事業に要する費用』を、各医療保険者から徴収し、市町村等へ交付する業務

第**5**章

保険給付

1 保険事故

　介護保険における「保険事故」とは、「要介護状態」または「要介護状態となるおそれがある状態」（＝要支援状態）になることです。ただし、第2号被保険者（市町村の区域内に住所を有する40歳以上65歳未満の医療保険加入者）については、「加齢に伴って生ずる心身の変化に起因する疾病が原因となっていること」に限られ、がん末期など16の疾病が指定されています（「特定疾病」。介護保険法施行令第2条）。

　保険事故にあたる状態に該当するかどうかは、保険者（原則、市町村）が、「介護認定審査会」の審査及び判定の結果に基づき、認定または不認定の決定をします。

　「要介護状態」とは、身体上又は精神上の障害があるために、入浴・排せつ・食事等の日常生活における基本的な動作の全部または一部について、厚生省令で定める期間（原則として6カ月）にわたり継続して常時介護を要すると見込まれる状態であって、その必要の程度に応じて厚生省令で定める区分（「要介護状態区分」。5段階）のいずれかに該当すること、をいいます。

　また、「要支援状態」とは、身体上もしくは精神上の障害があるために入浴・排せつ・食事等の日常生活における基本的な動作の全部もしくは一部について、厚生労働省令で定める期間（原則として6カ月）にわたり継続して常時介護を要する状態の軽減もしくは悪化の防止に特に資する支援を要すると見込まれ、又は、身体上もしくは精神上の障害があるために厚生労働省令で定める期間（原則として6カ月）にわたり継続して日常生活を営むのに支障があると見込まれる状態であって、支援の必要の程度に応じて厚生労働省令で定める区分（「要支援状態区分」。2段階）のいずれかに該当すること、をいいます。

2 保険給付の種類

　市町村は、介護認定審査会の審査・判定を経て要介護・要支援と認定した被保険者に対し「保険給付」を行います。保険給付は、介護給付、予防給付、市町村特別給付の3種類です。

1 現物給付と現金給付

（1）現物給付

　わが国の介護保険は、介護サービスの「現物給付」を原則としています。居宅サービス、地域密着型サービス、施設サービス、介護予防サービス、地域密着型介護予防サービスについては、定率1割（所得の高い者については2割、または3割）の自己負担によりサービス利用ができます。残りの9割（または8割、または7割）については、介護サービス事業者が、保険者（市町村）に代わる審査支払機関である「国民健康保険団体連合会」（都道府県ごとに設置されています。）に請求し、支払いを受けることとなります。

　介護保険法では、「市町村は、要介護認定を受けた被保険者が○○サービスを受けたときは、○○費を支給する」と規定しており、法文上は「償還払い」の仕組みとなっていますが、利用者の利便性等の観点から、次の二つの場合には、現物給付の扱いがとられています。

・指定事業者または指定施設から指定サービス（介護老人保健施設の場合は許可施設が行うサービス）を受ける場合
・居宅介護支援サービス（介護支援計画（ケアプラン））に基づいた在宅サービスを受ける旨を市町村に届け出ているか、自ら介護サービ

ス計画（ケアプラン）を作成し市町村に届け出ている場合

被保険者の判断でケアプランが作成されない場合には、「償還払い」となります。償還払いとは、被保険者が費用全額をサービス事業者に支払った後に、保険者が保険給付相当額を後日請求して払い戻しを受けることをいいます。

なお、要介護認定の結果が出るまでの間のサービス利用においては、正式なケアプランが作成できないので、要介護度を仮置きし、これにそって暫定的にケアプランを作成し、円滑な利用ができるようにすることも可能です。

（2）現金給付

ドイツでは、家族が介護を行った場合に、法令で定める一定の額の現金を支払うことに対する「現金給付」が制度上認められています。しかし、わが国では、そのような現金給付は認めていません。

ドイツでは介護保険制度の創設当時、旧東ドイツ地域なども含めサービス基盤の整備が大きく立ち遅れていました。また、東西ドイツ統合に伴い政府の財政負担が急増したことから、その公的扶助費代替給付の役割をもつものとして、保険料を財源とした家族介護手当が制度化されたのです。ドイツでも、介護保険制度が社会に定着し、介護サービス基盤整備が逐次進み、また、高齢化の進展等に伴って現金給付の受給者が減少し、介護サービス利用が増える傾向にあります。

家族による介護が行われた場合に、家族介護手当のような一定の現金を介護保険から給付することの是非・可否の問題は、制度創設時の大きな論点の1つでした。制度創設の直前まで、伝統的な家族観を重視する保守派からは、家族介護手当（現金給付）を創設するよう強く要求されました。

わが国で、家族介護に対する現金給付を行わないとしたのは、

・現金給付は、家族による介護を固定化する恐れが強い

・現物給付は、定率自己負担があることから不適切なサービス利用も少なくなる

・現金給付は、給付費を膨張させたり、不正受給を招く恐れが強い

・現物給付は、介護サービス基盤の整備を促進し、過疎地域などで
　も雇用を創出することによって地域社会の維持に貢献する

といったことを考慮したからです。

　また、わが国では認定を受けた要介護高齢者等にバウチャー（サービス利用券）を給付する方式も検討されましたが、金券ショップ等における不正流通の恐れがあることなどから採用されませんでした。適切な外部サービス利用の意義が浸透し、介護サービス基盤の整備が進んでくるにつれて、現在では現金給付を制度化すべきだという主張は弱くなってきています。

2　介護給付

（1）介護給付の種類

　介護給付の種類は次のとおりです。

・居宅介護サービス費、特例居宅介護サービス費の支給

・地域密着型介護サービス費、特例地域密着型介護サービス費の支
　給

・居宅介護福祉用具購入費の支給

・居宅介護住宅改修費の支給

・居宅介護サービス計画費、特例居宅介護サービス計画費の支給

・施設介護サービス費、特例施設介護サービス費の支給

・高額介護サービス費の支給

・高額医療介護合算サービス費の支給

・特定入所者介護サービス費、特例特定入所者介護サービス費の支
　給

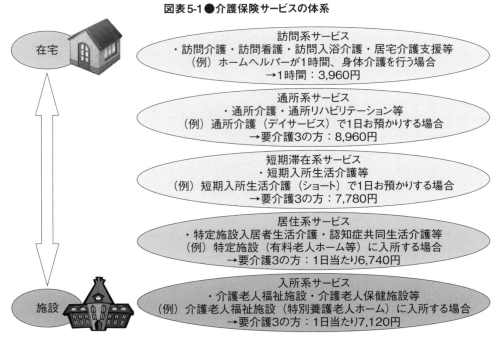

図表5-1 ● 介護保険サービスの体系

訪問系サービス
・訪問介護・訪問看護・訪問入浴介護・居宅介護支援等
（例）ホームヘルパーが1時間、身体介護を行う場合
→1時間：3,960円

通所系サービス
・通所介護・通所リハビリテーション等
（例）通所介護（デイサービス）で1日お預かりする場合
→要介護3の方：8,960円

短期滞在系サービス
・短期入所生活介護等
（例）短期入所生活介護（ショート）で1日お預かりする場合
→要介護3の方：7,780円

居住系サービス
・特定施設入居者生活介護・認知症共同生活介護等
（例）特定施設（有料老人ホーム等）に入所する場合
→要介護3の方：1日当たり6,740円

入所系サービス
・介護老人福祉施設・介護老人保健施設等
（例）介護老人福祉施設（特別養護老人ホーム）に入所する場合
→要介護3の方：1日当たり7,120円

在宅

施設

利用者負担額は目安（令和3～5年度）。市町村や事業所によって異なる。

（2）特例介護サービス費

「特例介護サービス費」は、利用者の視点に立って設けられた給付の特例的な仕組みです。要介護認定前であっても、次の場合には保険給付の対象となります。

・要介護認定の申請前に、緊急やむを得ない理由により指定居宅サービス等を利用したとき
・指定サービス事業者以外の、一定の基準を満たしている事業者から提供されるサービス（基準該当サービス）を受けたとき
・在宅サービスの確保が著しく困難な離島等において、必要な人員・運営基準を満たしていない事業者から受けたサービスであっても、市町村の個別判断により相当するサービスとして認められるとき

（3）居宅介護福祉用具購入費

　居宅介護福祉用具購入費については、支給対象となる入浴、排泄などにかかる福祉用具を販売する「特定福祉用具販売事業者」の制度があります。

（4）居宅介護住宅改修費

　居宅介護住宅改修費については、手すりの取り付けその他厚生労働大臣が定める種類の住宅改修を行ったとき、市町村が認める場合に限り、償還払いで支給されます。

3　予防給付

（1）予防給付の種類

　予防給付の種類は次のとおりです。
・介護予防サービス費、特例介護予防サービス費の支給
・地域密着型介護予防サービス費・特例地域密着型介護予防サービス費の支給
・介護予防福祉用具購入費の支給
・介護予防住宅改修費の支給
・介護予防サービス計画費、特例介護予防サービス計画費の支給
・高額介護予防サービス費の支給
・高額医療合算介護予防サービス費の支給
・特定入所者介護予防サービス費、特例特定入所者介護予防サービス費の支給

（2）予防給付の見直し─新予防給付への移行

　介護保険制度は、「自立支援」を基本理念として要支援者に対する「予防給付」を制度化しましたが、予防給付は必ずしも十分な成果を上げていないとの批判が財政当局などからありました。このような状況を

踏まえ、予防重視型システムへの転換、サービスの質の向上等の観点から、平成17（2005）年に介護保険法が改正され、介護予防の対象者の範囲、サービス内容、ケアマネジメントのあり方が見直されました。この改正により、従来の要介護認定における要支援者が新たに二つに区分され、新区分として「要支援1」と、従来の要支援該当者のうち状態の維持・改善の可能性が高いと考えられる者が「要支援2」として別けられました。

　さらに、2014（平成26）年の制度改正により、それまで全国一律の予防給付であった介護予防訪問介護・介護予防通所介護について、市町村が地域の実情に応じた取り組みができるよう、「地域支援事業」のなかの「介護予防・日常生活支援事業」へ移行し、平成29年度末までにすべての市町村で実施することとされました。財源については、国・都道府県・市町村の公費（税財源）、第1号・第2号保険料で賄われます。

　介護予防サービスには、「介護予防訪問入浴介護」、「介護予防訪問看護」、「介護予防通所リハビリテーション」などがあり、これらの介護報酬は、月単位の定額制となっています。

　予防給付に関するケアマネジメントは、介護予防・日常生活支援総合事業との一貫性から、「地域包括支援センター」を中心に市町村が責任を負うこととされています。

（3）「地域支援事業」と「地域包括支援センター」

　市町村は、介護保険財源により、介護予防の推進、地域における包括的・継続的なマネジメント機能の強化の観点から、「地域支援事業」を実施しています。

　地域支援事業は、介護予防・日常生活支援総合事業、包括的支援事業、その他の事業（任意事業）から成り立っています。

①介護予防・日常生活支援総合事業（総合事業）

　総合事業の「介護予防・生活支援サービス」は、以下の4つのサービスより構成されています。

・訪問型サービス

　　予防給付で提供されていた介護予防訪問介護に相当するサービスのほか、緩和した基準によるサービス、住民主体による支援、移動支援など多様なサービスが提供されます。

・通所型サービス

　　予防給付で提供されていた介護予防通所介護に相当するサービスのほか、緩和した基準によるサービス、住民主体による支援など多様なサービスが提供されます。

・その他の生活支援サービス

　　地域における自立した日常生活を支援するため、栄養改善を目的とした配食や一人暮らし高齢者等への見守り、定期的な安否確認、緊急時の対応などがなされます。

・介護予防ケアマネジメント

　　要支援者等に対してアセスメントを行い、自立した日常生活が送れるよう必要なケアプランの作成や支援策を講じます。

　このほか、一般のすべての65歳以上の高齢者およびその支援のための活動にかかわる者に対して、「一般介護予防事業」として介護予防に関する情報や、地域活動のための場の提供などを実施しています。

②包括的支援事業

「包括的支援事業」として、以下の7つの業務・事業があります。

・介護予防ケアマネジメント（※要支援者を除く）

・総合相談支援業務

・権利擁護業務

・包括的・継続的ケアマネジメント支援業務

・在宅医療・介護連携推進事業

・生活支援体制整備事業

・認知症総合支援事業

　この包括的支援事業と①の総合事業の介護予防ケアマネジメントについては、「地域包括支援センター」が中心的な役割を担います。

　地域包括支援センターは、市町村が自ら運営するか、または、市町

村が委託する在宅介護支援センターの運営法人（社会福祉法人、医療法人など）です。職員は、保健師、経験のある看護師、主任介護支援専門員、社会福祉士などの配置が必須とされています。

いずれの地域支援事業も、地域包括支援センター等に委託が可能です。地域包括支援センターの運営の中立性・公正性の確保、人材確保支援等の観点から、市町村、地域のサービス事業者、関係団体、被保険者の代表等で構成される「地域包括支援センター運営協議会」が設置されています。

③任意事業

「任意事業」として、以下の3つの事業があります。

①介護給付等費用適正化事業
②家族介護支援事業
③その他必要な事業

4 市町村特別給付

各市町村は、介護給付または予防給付以外に独自に「条例」で定めることにより、要介護者・要支援者に対して配食サービスや移送サービス、寝具乾燥、紙おむつ支給などの特別給付を行うことができます。市町村特別給付に必要な財源は、第1号保険料が充てられます（公費財源は入りません）。

5 介護サービスの種類別の費用額と事業者数

平成31（2019）年4月審査分の介護サービスの種類別の費用額をみると、居宅サービス44％、施設サービス33％、地域密着型サービス17％となっており、在宅系が60％を超えています（**図表5-2**）。

また、平成31（2019）年4月の審査分の請求事業所数をみると、

居宅14万9,000、地域密着型4万6,000、居宅介護支援・介護予防支援サービスは4万5,000、介護保険施設は1万3,000となっています。

なお、令和元（2019）年10月1日現在の介護サービスの事業所数は**図表5-3**のとおりです。居宅サービスでは訪問介護が約3万4,800事業所で最も多く、地域密着型サービスでは地域密着型通所介護が約1万9,900事業所、介護保険施設では、介護老人福祉施設が約8,200施設と最も多くなっています。

図表5-2 ●介護サービスの種類別の費用額

	費用額（単位：百万円）	割合（単位：%）
総　数	862,954	100.0
居宅サービス	383,277	44.4
訪問通所	283,119	32.8
訪問介護	76,307	8.8
訪問入浴介護	4,383	0.5
訪問看護	24,347	2.8
訪問リハビリテーション	4,270	0.5
通所介護	105,012	12.2
通所リハビリテーション	40,306	4.7
福祉用具貸与	28,488	3.3
短期入所	40,897	4.7
短期入所生活介護	36,294	4.2
短期入所療養介護（老健）	4,398	0.5
短期入所療養介護（病院等）	196	0.0
短期入所療養介護（医療院）	9	0.0
居宅療養管理指導	10,333	1.2
特定施設入居者生活介護（短期利用以外）	48,857	5.7
特定施設入居者生活介護（短期利用）	71	0.0
居宅介護支援	42,022	4.9
地域密着型サービス	149,054	17.3
定期巡回・随時対応型訪問介護看護	4,122	0.5
夜間対応型訪問介護	279	0.0
地域密着型通所介護	33,835	3.9
認知症対応型通所介護	7,092	0.8
小規模多機能型居宅介護（短期利用以外）	22,093	2.6
小規模多機能型居宅介護（短期利用）	16	0.0
認知症対応型共同生活介護（短期利用以外）	58,561	6.8
認知症対応型共同生活介護（短期利用）	30	0.0
地域密着型特定施設入居者生活介護（短期利用以外）	1,687	0.2
地域密着型特定施設入居者生活介護（短期利用）	2	0.0
地域密着型介護老人福祉施設入所者生活介護	18,264	2.1
複合型サービス（看護小規模多機能型居宅介護・短期利用以外）	3,071	0.4
複合型サービス（看護小規模多機能型居宅介護・短期利用）	5	0.0
施設サービス	288,601	33.4
介護福祉施設サービス	157,700	18.3
介護保健施設サービス	111,658	12.9
介護療養施設サービス	15,101	1.7
介護医療院サービス	4,141	0.5

資料:厚生労働省政策統括官付社会統計室「介護給付費等実態統計」（平成31年4月審査分）より厚生労働省老健局作成。
（注）1.数値はそれぞれの単位未満での四捨五入のため、計に一致しない場合がある。
　　　2.介護予防給付を含めた数値。

図表 5-3 ● 介護サービスの種類別事業所数

各年10月1日現在

	令和元年 （2019）	平成30年 （2018）	対前年	
			増減数	増減率（%）
介護予防サービス事業所				
介護予防訪問入浴介護	1,626	1,715	△ 89	△ 5.2
介護予防訪問看護ステーション	11,301	10,654	647	6.1
介護予防通所リハビリテーション	8,226	8,062	164	2.0
介護予防短期入所生活介護	11,037	10,906	131	1.2
介護予防短期入所療養介護	5,101	5,182	△ 81	△ 1.6
介護予防特定施設入居者生活介護	4,917	4,816	101	2.1
介護予防福祉用具貸与	7,549	7,773	△ 224	△ 2.9
特定介護予防福祉用具販売	7,597	7,830	△ 233	△ 3.0
地域密着型介護予防サービス事業所				
介護予防認知症対応型通所介護	3,664	3,754	△ 90	△ 2.4
介護予防小規模多機能型居宅介護	5,017	4,972	45	0.9
介護予防認知症対応型共同生活介護	13,384	13,251	133	1.0
介護予防支援事業所（地域包括支援センター）	5,199	5,147	52	1.0
居宅サービス事業所				
訪問介護	34,825	35,111	△ 286	△ 0.8
訪問入浴介護	1,790	1,885	△ 95	△ 5.0
訪問看護ステーション	11,580	10,884	696	6.4
通所介護	24,035	23,861	174	0.7
通所リハビリテーション	8,318	8,142	176	2.2
短期入所生活介護	11,566	11,434	132	1.2
短期入所療養介護	5,230	5,316	△ 86	△ 1.6
特定施設入居者生活介護	5,328	5,198	130	2.5
福祉用具貸与	7,651	7,866	△ 215	△ 2.7
特定福祉用具販売	7,630	7,862	△ 232	△ 3.0
地域密着型サービス事業所				
定期巡回・随時対応型訪問介護看護	1,020	975	45	4.6
夜間対応型訪問介護	228	221	7	3.2
地域密着型通所介護	19,858	19,963	△ 105	△ 0.5
認知症対応型通所介護	3,973	4,065	△ 92	△ 2.3
小規模多機能型居宅介護	5,502	5,469	33	0.6
認知症対応型共同生活介護	13,760	13,618	142	1.0
地域密着型特定施設入居者生活介護	352	328	24	7.3
複合型サービス（看護小規模多機能型居宅介護）	588	512	76	14.8
地域密着型介護老人福祉施設	2,359	2,314	45	1.9
居宅介護支援事業所	40,118	40,956	△ 838	△ 2.0
介護保険施設				
介護老人福祉施設	8,234	8,097	137	1.7
介護老人保健施設	4,337	4,335	2	0.0
介護医療院	245	62	183	295.2
介護療養型医療施設	833	1,026	△ 193	△ 18.8

注：複数のサービスを提供している事業所は、各々に計上している。

出典：令和元年介護サービス施設・事業所調査の概況

3 わが国の介護保険給付の特徴

　介護保険制度によるサービスは、従前の老人福祉制度による介護サービス、老人保健制度による医療サービスを統合して再編成されました。

　介護保険による給付は、社会保障給付費において「福祉」のなかに位置づけられています。しかし、介護保険法第1条の目的規定で明らかなように、老人保健施設への入所、介護医療院・介護療養型病床への入院、訪問看護など、医療保険の給付の中に従来位置づけられていたものも介護保険で給付されており、福祉の制度であるとは単純にはいえません。

　わが国の介護保険給付には、次のような特徴があります。

1 在宅サービスを重視

　介護保険は、その創設検討段階から特に在宅介護サービス、すなわち医療サービスと福祉にまたがってそれぞれの法制度の中に位置づけられてきた介護サービスとを切れ目なく一体的に促すことを重視しています。「ケアマネジメント」も、そのための重要な手法として導入されました。

　また、介護サービスと医療の連携、介護保険法改正により導入された地域密着型サービス（小規模多機能型居宅介護、定期巡回・随時対応型訪問介護看護、複合型サービスなど）も、在宅サービスを利用者の立場に立って適切かつ効率的に進めるためのものです。

2 予防給付の制度化

　要支援の認定を受けた者に対して予防給付が行われることも、他国の介護保険にはない特徴です。また、「保険事故」が生じた場合に給付されることが原則の社会保険制度において、介護保険が「要支援」を保険事故としているのは、要介護状態への移行・重度化を防止することが自立支援になる、という基本に照らして重要な意義をもっているからです。

　なお、予防給付の費用が制度実施後増加が著しく、また、サービスの提供と利用の実態に不適切な事例が多いとの批判が強くなったことから見直しが行われ、新予防給付への移行が行われています（平成17（2005）年。113頁の3、新予防給付の項を参照）

3 現物給付が基本

　介護保険では、要介護者等が介護サービスを利用する場合、そのためのお金が給付されるのではなく、原則として、介護サービス事業者から介護サービスを直接受けることとなります。この介護サービス等を利用した者は、その費用の一部（所得により1割、2割、または3割相当）を一部負担金として介護サービス事業者と支払うという仕組みになっています。医療保険の場合と同様に実質的に「現物給付」の取扱いになっています。

　なお、サービス料の全額をいったん支払ったうえで、その後、一部負担以外の金額（介護保険の場合は9割〜7割相当）を請求し事後に還付を受ける方法を「償還払い」といい、現金給付の一つの形態です。介護保険制度においても、特定福祉用具購入、住宅改修などの費用は「償還払い」となります。

　他国の介護保険では、介護サービス提供者にかかった費用全額を支

払った後にそれぞれの国の法令の定めるところにより算定された額が介護サービスを受けた被保険者に対して給付されるという「現金給付」の仕組みがとられています。家族が介護に従事した場合には介護サービス費の給付が家計に入ることになります。

わが国の制度創設の検討準備段階では、家族が介護した場合にも「家族介護手当」といった現金給付をすべきだという主張が強くありました。たしかに、現金給付は就業中断などによる相当の負担になっている人においては利点があります。また、給付を受ける者の判断・選択の範囲が広くなるという利点もあります。

しかし、わが国が家族以外の外部の介護サービス事業者による介護の現物給付の仕組みをとっているのは、家族のみによる介護には限界があり、外部の専門サービス事業者の参画が不可欠であること、介護サービス基盤の整備を促進するためには現物給付が適当であるといったことが考えられたからです。一方で、「現金給付」の場合は、介護目的以外で使用されるおそれも多いといえます（110頁を参照）。

4 支給限度額の設定

在宅サービスについては、要介護度に応じた支給限度額（支給限度基準額）が設定されています。国の居宅介護サービス費等区分支給限度基準額では、要介護1の1万6,765単位～要介護5の3万6,217単位となっています。また、介護予防サービス費等区分支給限度基準額は、要支援1が5,032単位、要支援2が10,531単位となっています（133頁を参照）。1単位は原則10円ですが、生活保護制度における「級地」の場合と同様に、地域により差異が設けられています。支給限度額を超える費用は全額が利用者の自己負担になります。

わが国の支給限度額は、ドイツ等の諸外国と比べて相当高い水準で設定されています。

5　定率のサービス利用者負担の導入

　わが国では、介護サービスを利用した場合には、定率で1割、2割または3割の自己負担をする必要があります。ドイツなどの介護保険制度では、一部負担制度は設けられていません。ドイツでは現金給付が主体で制度がスタートしたため、一部負担という概念がなじまなかったからと考えられます。わが国で定率の一部負担制度が設けられた理由と背景は次のとおりです。

- ・利用時の一部負担がないと、生活支援という面がある介護サービスの性格から、老人医療費無料化の場合以上に介護給付費が急増したり、不適切なサービス利用になったりする恐れがあります
- ・保険料負担をしても介護サービスを利用しない者（特に若年層）の理解を得るために、介護サービスを利用する者との間で一定のバランスをとるほうがよいと考えられます
- ・従前の老人保健制度では医療サービスの利用額に応じた「応益負担」の仕組みがとられ、また、老人福祉制度では所得に応じた「応能負担」の仕組みとなっていました。介護保険の制度化にあたっては、公平の観点などからこうした一部負担のしくみを統一する必要がありました。その場合、高齢者の所得形態は多様で所得の正確な把握には限界があることから、応能負担で統一することには問題がありました。また、財政面からも利用時の一部負担をゼロにすることはできません
- ・介護保険で定率の応益負担を導入し、これを契機に近い将来に老人保健制度を見直す場合に、受診時の負担を「定額負担」から「定率負担」にしたいとの考えが当時の厚生省担当官の間に強くありました
- ・定額負担とした場合に、高額の負担が家計を破綻させないよう、負担の上限（高額介護サービス費）制度を設けることにより、必要かつ適切なサービス利用は妨げられないようにされました

　なお、医療費の一部負担と介護費の一部負担を合算したものについて、その上限を設ける仕組みを早期に実現したいという構想は早くからありました。これは平成18（2006）年の介護保険改正で一部実現をみて平成20（2008）年4月に高額医療・高額介護合算療養費制度が施行されました。さらに「社会保障と税の一体改革」において、この制度の充実を図る、こととされました。

6　ケアマネジメントの採用

　ケアマネジメントは、高齢者が自らの意思に基づいて介護その他の福祉サービスの利用を選択・決定するにあたって、高齢者の身近な地域の保健・医療・福祉の専門家が連携して支援する仕組みであり、高齢者の自立支援のための社会的援助の方法です。

　介護支援専門員（ケアマネジャー）を中心とした専門家チーム（ケアチーム）は、高齢者やその家族の相談に応じ、そのニーズを把握したうえで「ケアプラン」（介護支援計画）を作成し、多様なサービス提供事業者、施設と連絡・調整をして、利用者の意思に沿って総合的かつ効率的なサービス利用につなげるという重要な役割を担っています。

　ケアマネジメントは、欧米の一部の地域での実践例はありましたが、法律に基づく国の制度として実施されたのは、わが国が世界で最初でした。

　ケアマネジャー資格試験の合格者数は平成10（1998）年度の約9万1,296人から令和2（2020）年度（8,200人）まで累計約71万6,225人にのぼり、平成25（2013）年の調査によると約16万人が介護サービス分野で現に活動しています。この資格創設が厳しい経済情勢のなかで雇用機会の創出に役立ったことも話題を呼びました。わが国のケアマネジメントについては、国際的な評価も高く注目を集めていますが、介護支援専門員の中立性・独立性の確保やケアマネジメントの質の向上など課題も残されています。

確 認 問 題

問題 1 以下の文章の（　　）に、適切な言葉を記入しなさい。

①介護保険の保険給付には、（　　　）給付、（　　　）給付、（　　　）給付の３種類がある。

②市町村は、高齢者の介護予防の推進、日常生活の支援、地域における包括的・継続的なマネジメント機能の強化の観点から、（　　　）事業を実施する。

問題 2 日本の介護保険制度において、定率の一部負担制度が設けられた理由と背景について説明しなさい。

解答1

①：介護（給付）、予防（給付）、市町村特別（給付）

②：地域支援（事業）

解説1

①市町村は、介護認定審査会の審査・判定を経て要介護・要支援と認定した被保険者に対し保険給付を行います。

②地域包括支援センターが地域支援事業の中心的な役割を担い、介護予防、日常生活支援のための一連のマネジメントを行います。

解答例2

①利用者の一部負担がないと、生活支援の面がある介護サービスの性格から、老人医療費無料化の場合以上に介護給付費が急増したり、不適切なサービス利用になったりする恐れがある。

②若年層など、保険料負担をしても介護サービスを利用しない者の理解を得るために、介護サービスを利用する者との間で一定のバランスをとるほうがよいため。

③財政面からも利用者負担をゼロにはできない。

④介護保険制度で定率の応益負担を導入することを契機に、老人保健制度における受診時の負担についても定額負担から定率負担に移行させたい。

など

第6章

介護サービス利用

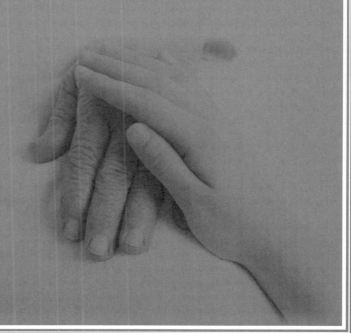

© Chariclo - Fotolia.com

1 介護サービス利用の仕組み

1 介護サービス利用の手続き

　介護サービスを利用するには、要介護・要支援の認定、次いで介護支援計画（ケアプラン、介護サービスの利用計画）の策定という2つの段階を経る必要があります。

　医療保険制度にはない、このような新たな仕組みが導入されたのは、

①介護サービスは、日常生活支援、家事援助を伴い、その性格上、「多々益々弁ず」の面もあることから不適切で過剰な利用が懸念されること

②保険者は、地域に密着した自治体であるだけに、濫用を防止し適正利用を担保する客観的な判断を可能とする仕組みが不可欠であること

図表6-1 ●介護保険制度利用の流れ（イメージ）

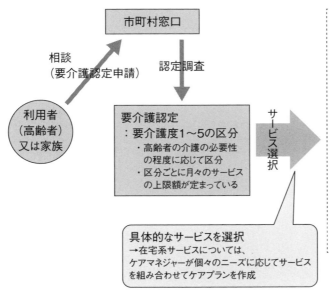

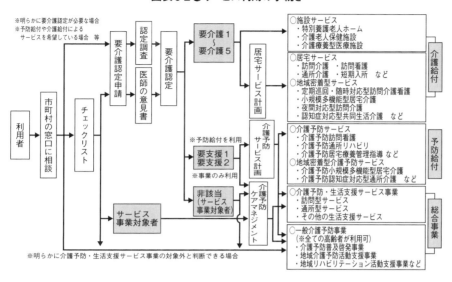

図表6-2 ●サービス利用の手続き

などといった背景があります。それを踏まえて、全国一律の認定基準の設定、コンピュータを活用した機械的審査の導入、主治の医師の意見書、合議制の介護認定審査会の設置など、類例のない仕組みが創案され制度化されました。

　サービス利用の手続きの全体図は**図表6-2**のとおりです。

　また、介護を必要とする高齢者は、介護サービスの選択に必要な情報や判断力に乏しいことから、心身の状態に見合った適切なサービス選択を支援し、効率的な利用を促進する仕組みとして、ケアマネジメントが導入されました。

2 要介護・要支援の認定

　介護給付を受けようとする被保険者は、要介護者に該当するかどうかについて、また、該当する場合には自分の要介護・要支援状態の程度（要介護状態区分）についても、保険者である市町村の認定（要介護・要支援認定）を受ける必要があります。

　要介護・要支援の認定は、被保険者の心身の状態に関する調査結果

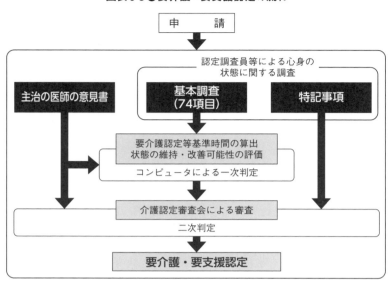

図表6-3●要介護・要支援認定の流れ

および主治の医師（かかりつけ医）の意見書に基づいて、市町村（保険者）に設置される介護認定審査会において審査・判定が行われ、その結果に基づき市町村が要介護・要支援の認定を行います。

　介護認定審査会は合議制で、特定の者の意見や利益に左右されない公平で客観的な判断・審査が行われることが重要です。

　被保険者が保険給付を受ける要件を満たしているかどうかを確認するために、自立した日常生活を送るうえで必要となる介助などに係る所要時間を基にして設定された全国共通の客観的基準が定められています。

　要介護状態区分（要介護1～5）に応じて、居宅の場合の介護給付の支給限度基準額、施設の場合の介護給付額が設定されます。

　また、予防給付を受けようとする被保険者は、要支援者に該当するかどうかについて、要支援認定（要支援1～2）を受ける必要があります。

　要介護状態区分別の状態像のイメージは**図表6-4**のとおりです。

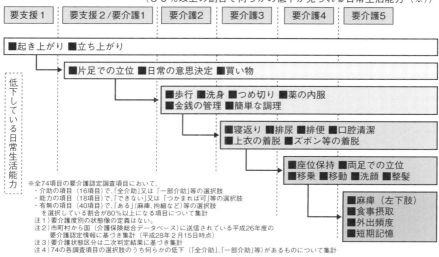

図表6-4 ●要介護状態区分別の状態像

（80％以上の割合で何らかの低下が見られる日常生活能力（※））

| 要支援1 | 要支援2/要介護1 | 要介護2 | 要介護3 | 要介護4 | 要介護5 |

低下している日常生活能力

■起き上がり ■立ち上がり

■片足での立位 ■日常の意思決定 ■買い物

■歩行 ■洗身 ■つめ切り ■薬の内服
■金銭の管理 ■簡単な調理

■寝返り ■排尿 ■排便 ■口腔清潔
■上衣の着脱 ■ズボン等の着脱

■座位保持 ■両足での立位
■移乗 ■移動 ■洗顔 ■整髪

■麻痺（左下肢）
■食事摂取
■外出頻度
■短期記憶

※全74項目の要介護認定調査項目において、
・介助の項目（16項目）で、「全介助」又は「一部介助」等の選択肢
・能力の項目（18項目）で、「できない」又は「つかまれば可」等の選択肢
・有無の項目（40項目）で、「ある」（麻痺、拘縮など）等の選択肢
　を選択している割合が80％以上になる項目について集計
注1）要介護度別の状態像の定義はない。
注2）市町村から国（介護保険総合データベース）に送信されている平成26年度の
　　要介護認定情報に基づき集計（平成28年2月15日時点）
注3）要介護状態区分は二次判定結果に基づき集計
注4）74の各調査項目の選択肢のうち何らかの低下（「全介助」、「一部介助」等）があるものについて集計

3 要介護・要支援認定の現況

図表6-5 ●要介護認定の件数の現況（平成30年度末）

保険者	全国合計	保険者	全国合計
要支援1	927,688人	要介護3	866,569人
要支援2	925,524人	要介護4	801,079人
要介護1	1,323,102人	要介護5	601,279人
要介護2	1,137,175人	合計	6,582,416人

　平成30（2018）年度末において認定を受けている者約658万人で、要介護度別にみると**図表6-5**に示すとおりです。このうち、第1号被保険者は約645万人、第2号被保険者は約13万人です。65歳以上高齢者（第1号被保険者）数は3,525万1,602人ですから、おおむね18.3％の者が認定を受けたことになります。また、平成12（2000）年度末の認定者数は約256万人でしたから、この間に2.6倍と著しく増加しています。

2 支給限度基準額

　在宅サービスの場合は、一部のサービスを除いて、要介護状態区分ごとに保険給付の支給限度基準額（利用者負担を含む金額）を設け、一定期間内（支給限度基準額管理期間内）に当該支給限度基準額の範囲内で保険給付を行います。

1 区分支給限度基準額
　（居宅介護サービス費等区分支給限度基準額、
　介護予防サービス費等区分支給限度基準額）

　在宅サービスについては、相互の代替性の有無などを勘案していくつかのサービス種類を1つの区分としてまとめ（サービス区分）、サービス区分ごとに、居宅介護サービス費、特例居宅介護サービス費、地域密着型介護サービス費（地域密着型介護老人福祉施設にかかるものを除く）、特例地域密着型介護サービス費等の合計額について、支給限度基準額が設定されています（**図表6-6**）。

　区分支給限度基準額は、月を単位として、要介護・要支援状態区分（要介護・要支援度）に応じた標準的なサービスの利用の態様（サービス例）や介護報酬の額などを考慮して設定されます。区分支給限度基準額の範囲内であれば、基本的に利用者は自由に居宅サービスの種類を組み合わせることができます。

図表6-6 ●支給限度基準額

要介護度	国の標準（1か月）
要支援1	5,032単位／月
要支援2	10,531単位／月
要介護1	16,765単位／月
要介護2	19,705単位／月
要介護3	27,048単位／月
要介護4	30,938単位／月
要介護5	36,217単位／月

※1単位：10〜11.40円（地域やサービスにより異なる）

2 支給限度基準額

（1）市町村による種類支給限度基準額の設定

　市町村は条例により、厚生労働大臣が定める区分支給限度基準額の範囲内において、地域の居宅介護サービス基盤の整備状況等に応じて個別の種類のサービスの支給限度基準額を定めることができます。

（2）「福祉用具購入費」支給限度基準額

　毎年4月1日からの1年間の期間について、特定福祉用具の購入に通常要する費用を勘案し、支給限度基準額が定められます。この金額は10万円となっています。

（3）「住宅改修費」支給限度基準額

　住宅改修の種類ごとに、通常要する費用を勘案し、支給限度基準額が定められます。現在、居住している同一住居について1回に限り、この金額は20万円となっています。ただし、転居した場合、または要介護等状態区分（要介護度）を基準として定める「介護の必要の程度」の段階が3段階以上上がった場合は、改めて20万円までの利用がで

きます。

（4）支給限度基準額の「上乗せ」

　区分支給限度基準額、福祉用具購入費支給限度基準額および住宅改修費支給限度基準額については、市町村は条例で定めるところにより、厚生労働大臣が定める支給限度基準額を上回る額を、当該市町村における支給限度基準額とすることができます。この場合は、その財源は基本的に第1号被保険者の保険料のみで賄うことになります。

（5）支給限度基準額の関係

　居宅サービスについて設定される区分支給限度基準額、福祉用具購入費支給限度基準額および住宅改修費支給限度基準額は、それぞれ独立して適用されます。したがって、ある支給限度基準額にかかる保険給付を受けることができるか否かは、他の支給限度基準額の適用に影響を及ぼしません。

（6）支給限度基準額の設定されないサービス

　居宅療養管理指導、認知症対応型共同生活介護等の一部の居宅サービス、介護予防サービス、施設サービスについては、支給限度基準額が適用されていません。これらのサービスは、他のサービスとの代替性がないこと等から、具体的な内容は介護報酬の算定方法により定めることになります。

3　上乗せサービスと横出しサービス

　在宅サービスにおいて、支給限度基準額の範囲を超える追加的なサービス（上乗せサービス）の利用については、その費用は全額利用者負担となることを前提に、利用者に委ねられています。つまり、介護保険においては、いわゆる「混合給付」が認められているというこ

とです。

　利用者は介護保険制度の保険給付の対象となるサービスと、全額自分で費用負担する付加的な介護サービスとを、自由に組み合わせて利用することができますし、介護保険の対象ではないサービス（横出しサービス）を、保険給付と組み合わせて利用することもできます（170頁参照）。

3 ケアマネジメント

1 ケアマネジメントの意義

　高齢者の介護は、保健・医療・福祉の専門家が連携し、身近な地域で要介護者等のニーズに適合した適切なサービスを提供し、その自立を支援していくという基本的な考え方（自立支援）に立って進められる必要があります。

　こうした支援の仕組みをケアマネジメントといい、その中核を担うのは、高齢者の依頼に基づいて選定される介護支援専門員（ケアマネジャー）です。介護支援専門員は、高齢者やその家族の相談に応じ、そのニーズを把握したうえで、サービス提供を担う多様な職種の専門家・サービス事業者と連絡・調整を行って介護サービス計画（ケアプラン）を作成し、利用者本位の適切なサービス提供につなげていきます。

　介護サービス計画（ケアプラン）の作成にあたっては高齢者本人の希望・意向が尊重されるよう、本人や家族の参画と納得を得ることが重要です。

2 介護サービス計画（ケアプラン）

　要介護・要支援認定を受けると、保険給付を受けることができるようになり、利用者は自らの意思に基づいて、利用するサービスを選択し決定することができます。そうした利用者の決定を支援するため、

介護支援専門員を中心とする専門家が介護サービス計画（ケアプラン）を作成する仕組みがとられており、ほとんどの利用者はケアプランの作成を実際に依頼しています。このケアプランは、サービス利用者の希望や状態を把握したうえで（アセスメント）、専門家による協議（ケアカンファレンス）を経て作成されます。

　ケアプランの作成依頼を促進するため、居宅サービス計画費、介護予防サービス計画費については、ほかの介護サービス利用のように、定率1割、2割または3割の自己負担を支払うという必要がなく、すべて保険給付の対象となっています。

　これは、自立支援効果の高いサービス利用を効率的に促進するためには、外部の専門家（ケアマネジャー）によるサービス事業者選定やケアプランの作成・支援が重要であること、高齢者はこの種の相談・アドバイスなど外部サービス利用に不慣れであることなど勘案して、自己負担をとらないことにされました。

　しかし、ケアマネジメントが利用者の間で定着してきたこと、保険料アップをできるだけ抑制することなどから、近年、他のサービスと同様に自己負担をとるべきだという主張も出るようになりました。令和3年度の制度改正においても検討されましたが、導入は見送られています。

3　介護支援専門員（ケアマネジャー）

（1）介護支援専門員

　介護支援専門員は、
・要介護者等からの相談に応じる。
・要介護者等が心身の状況に応じて適切なサービスを受けられるように、市町村・サービス事業者・施設等との連絡・調整を行うことを役割とします。
　要介護者等が自立した日常生活を営む必要な援助に関する専門的知

識・技術を有することが求められ、次の（2）で示される一定の実務経験を有し、資格試験に合格することが必要となります。介護支援専門員証の交付を受け、通称「ケアマネジャー」と呼ばれています。

（2）介護支援専門員の要件等

①　保健・医療・福祉分野での実務経験（医師・看護師・社会福祉士・介護福祉士等）が5年以上の者等が、

②　介護支援専門員実務研修受講試験に合格し、

③　介護支援専門員実務研修の課程を修了した場合に、

介護支援専門員になることができます。

介護支援専門員については、都道府県知事への資格登録が法定化され、その有効期間は5年とされています。資格の更新を受けるためには、5年ごとの研修受講が義務づけられています（資格更新制）。

（3）介護支援専門員の業務

介護支援専門員は、その担当する要介護者等の人格を尊重し、常に当該要介護者等の立場に立って、居宅サービス、地域密着型サービス、施設サービス、介護予防サービス、地域密着型介護予防サービスが特定の種類または特定の事業者・施設に偏ることのないよう、公正かつ

図表6-7●在宅サービスにおける業務の流れ（イメージ）

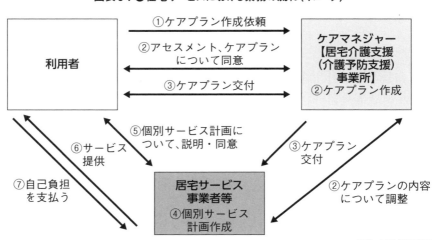

出典：厚生労働省資料

誠実に業務を行わなければならないとされています。

介護支援専門員は、大別すると、居宅サービスにおける介護支援専門員と施設サービス等における介護支援専門員に分けられます。

①在宅サービスにおける介護支援専門員（**図表6-7**）

在宅サービスにおける介護支援専門員は、居宅介護支援（介護予防支援）事業所や地域包括支援センターを拠点として、ケアプランの作成はもちろん、居宅サービス事業者等との連絡・調整や入所を必要とする場合の介護保険施設への紹介等の業務を行います。

②施設サービス等における介護支援専門員（**図表6-8**）

利用者が自立した日常生活を営むことができるように解決すべき課題の把握等を行ったうえで、施設サービス計画を作成します。介護支援専門員の配置が義務づけられている施設等の類型は、以下の施設です。

・介護老人福祉施設（特別養護老人ホーム）／介護老人保健施設／介護療養型医療施設／介護医療院／特定施設入居者生活介護（有料老人ホーム等）／認知症対応型共同生活介護／小規模多機能型居宅介護

図表6-8 ●施設サービス等における業務の流れ（イメージ）

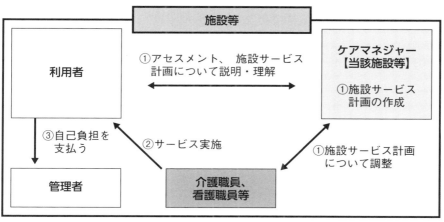

＊小規模多機能型居宅介護においては、配置されたケアマネジャーが小規模多機能型居宅介護計画のほか、ケアプランも作成する

出典：厚生労働省資料

（4）主任介護支援専門員

「主任介護支援専門員」は、平成18（2006）年の法改正により新設されました。介護支援専門員としての実務経験を有し、所定の研修を修了する必要があります。地域包括支援センターに配置義務があり、介護予防ケアマネジメントの実施と、地域の介護支援専門員の育成・バックアップを役割としています。

「介護サービス情報の公表」制度

　介護保険サービスの利用・提供は「利用者」と「事業者」との契約に基づいて行われます。

　そのため、利用者にとってより適切な事業者を選択することが必要となりますが、有している情報量に差があることから要介護者等は事業者と対等な立場での情報入手が困難であり、適切なサービスを選択できない場合があります。

　また、事業者にとっても、取り組みの努力が適切に評価され、利用者から選択されることが必要ですが、従前、事業者情報を公平・公正に公表する環境がなく、サービスの質の確保のための努力が報われないといったことが指摘されていました。

　そこで、平成17（2005）年改正により介護サービス情報の公表制度が設けられました。平成21（2009）年度からは全ての介護サービス事業者に、介護サービスの内容や運営状況に関し、利用者の選択に資する情報の報告が義務づけられています。都道府県は、必要に応じ報告内容を調査確認のうえ公表しています。

確認問題

問題
1

支給限度基準額について、以下の選択肢のうち誤っているものを1つ選びなさい。

[選択肢]

①区分支給限度基準額は、月を単位として、要介護状態区分に応じた標準的なサービスの利用の態様や介護報酬の額などを考慮して設定される。

②市町村は条例により、厚生労働大臣が定める区分支給限度基準額の範囲内において、地域の居宅介護サービス基盤の整備状況等に応じて個別の種類のサービスの支給限度基準額を定めることができる。

③住宅改修費は、現在居住している同一住居について1回に限り20万円の支給限度基準額が定められている。

④支給限度基準額の範囲を超えてサービスを利用する場合、範囲を超えた部分の費用だけでなく支給限度基準額内の費用についても、全額利用者負担となる。

問題
2

介護支援専門員について、以下の選択肢のうち誤っているものを1つ選びなさい。

[選択肢]

①介護支援専門員は、高齢者やその家族の相談に応じ、そのニーズを把握したうえで、サービス提供を担う多様な職種からなる専門家チーム、サービス事業者と連絡・調整を行ってケアプランを作成し、利用者本位の適切なサービス提供につなげる。

②介護支援専門員の要件の1つとして、保健・医療・福祉分野での実務経験が5年以上の者と定められている。

③介護支援専門員は、大別すると、居宅サービスにおける介護支援専門員と施設サービス等における介護支援専門員に分けられる。

④介護支援専門員の資格の有効期間は3年であり、更新のためには3年ごとの研修受講が義務づけられている。

解答
1　④

解説
1

① ○　選択肢のとおり。

② ○　選択肢のとおり。居宅介護サービス費等区分支給限度基準額のことです。

③ ○　選択肢のとおり。ただし、転居した場合や介護の必要の程度の段階が3段階以上上がった場合は、改めて20万円までの利用ができます。

④ ×　介護保険では、医療保険では認められていない混合給付が認められています。利用者は、保険給付の対象となるサービスと、全額自己負担する付加的なサービスを自由に組み合わせて利用することができます。

解答
2　④

解説
2

① ○　選択肢のとおり。

② ○　選択肢のとおり。

③ ○　選択肢のとおり。

④ ×　有効期間は5年です。更新を受けるためには5年ごとの研修受講が義務づけられています。

第7章

介護報酬

© Chariclo - Fotolia.com

介護報酬の基本的な仕組み

1　介護報酬

　介護保険においては、居宅介護サービス費の支給、地域密着型介護サービス費の支給、施設介護サービス費の支給、居宅介護（介護予防）サービス計画費の支給など、各種の保険給付があります。

　これらの保険給付に対して支払われる報酬の額は、それぞれのサービスの種類ごとに、「サービスの内容」、「要介護状態区分」、「サービス事業所・施設等の所在地」等を考慮し、その平均的な費用の額を勘案して、厚生労働大臣が定めた基準（介護報酬）に基づき算定されます。

　介護報酬は、地域における物件費や人件費の格差に考慮して、「地域差」が設けられていますが、この点で医療保険の診療報酬と異なっています。介護報酬は、介護保険が「3年を単位」とした中期財政運営の仕組みを採用しており、3年ごとに介護報酬の改定が行われることになっています。

　介護保険の保険給付は「代理受領方式」により「現物給付」化されています（109頁を参照）。厚生労働大臣の定める算定基準は、医療保険における診療報酬と同様に、保険者がサービス提供事業者に支払う費用の算定基準、すなわち介護報酬の算定基準として機能しています。

　介護報酬（予防給付を除く）は、次のサービスについて定められています。

●居宅サービス

　訪問介護／訪問入浴介護／訪問看護／訪問リハビリテーション／居宅療養管理指導／通所介護／通所リハビリテーション／短期入所生活介護／短期入所療養介護／特定施設入居者生活介護／福祉用具貸与および特定福祉用具販売

●地域密着型サービス

　定時巡回・随時対応型訪問介護看護／夜間対応型訪問介護／地域密着型通所介護／認知症対応型通所介護／小規模多機能型居宅介護／認知症対応型共同生活介護／地域密着型特定施設入居者生活介護／地域密着型介護老人福祉施設入所者生活介護／看護小規模多機能型居宅介護（複合型サービス）

●居宅介護支援

　居宅介護支援

●施設サービス

　介護老人福祉施設／介護老人保健施設／介護療養型医療施設／介護医療院

2 介護報酬の単位

　要介護者・要支援者に直接援助を行う介護職の人件費等については、地域による差（地域差）があることから、それを介護報酬に反映しています。介護報酬を「単位」で表示し、地域区分ごとに「差」を設け、1単位あたりの単価を設定しています。

図表7-1●地域差の例：1単位の額（単位：円）

	1級地	2級地	3級地	4級地	5級地	6級地	7級地	その他
施設サービス	10.90	10.72	10.68	10.54	10.45	10.27	10.14	10.00
訪問介護	11.40	11.12	11.05	10.84	10.70	10.42	10.21	10.00

3 償還払いで保険給付が行われる場合

　「償還払い」で保険給付がされるのは、給付管理が必要な在宅介護サービスの利用に際し、指定居宅介護支援事業者または指定介護予防支援事業者に委託して作成された介護サービス支援計画（ケアプラン）に基づいて介護サービスを利用する旨をあらかじめ保険者である市町村に届け出ていないケースや、サービス利用者が自身で作成した居宅サービス計画等をあらかじめ市町村に届け出ていないケースなどがあります。

　実際のサービス費用の支払いにあたっては、支給限度基準額を超えることはありません。償還払いで介護サービスを受けた場合に、その費用合計額が支給限度基準額を超えたときには、保険者から被保険者への償還額は支給限度基準額が上限となります。なお、現物給付化された在宅サービスについても、支給限度基準額はその被保険者に対して支払われる介護報酬総額の上限として機能します。

2 個別サービスの報酬

1 居宅介護サービス

①居宅介護サービスの介護報酬

　居宅介護サービスの介護報酬はサービスの種類ごとに、サービスの内容や要介護状態区分、事業所所在地域等を勘案して、厚生労働大臣が定めます。

②居宅介護サービス計画の介護報酬

　居宅介護サービス計画の介護報酬は、事業所所在地域等を勘案して算定される指定居宅介護支援（ケアマネジメント）の平均的な費用の額を勘案して、厚生労働大臣が定めます。

③特例居宅介護サービス費等の償還額

　特例居宅介護サービス費等の償還額は、厚生労働大臣が定める居宅介護サービス費の算定基準をもとに、市町村が決定します。

　特例居宅介護サービス計画費等の償還額は、厚生労働大臣が定める居宅介護サービス計画費の算定基準をもとに、市町村が決定します。

　居宅介護福祉用具購入費・居宅介護住宅改修費の償還額は、それぞれ実際に福祉用具購入に要した費用、住宅改修に要した費用の9割、8割または、7割に相当する額が償還されます。ただし、「支給限度額」が別に設けられています。

2 地域密着型介護サービス

①地域密着型介護サービスの介護報酬

　　地域密着型介護サービスの介護報酬は、サービスの内容や事業所の所在地域等を勘案して算定されるそのサービスの平均的な費用の額を勘案して、厚生労働大臣が定めます。

②特例地域密着型介護サービス費の償還額

　　特例地域密着型介護サービス費の償還額は、地域密着型介護サービスの介護報酬をもとに、市町村が決定します。

3 施設サービス

①施設サービスの介護報酬

　　施設サービス（指定介護福祉施設サービス、介護保健施設サービス、指定介護療養型医療施設サービス（令和6（2024）年3月末に廃止されます）、介護医療院サービスの4種類）の介護報酬の額はその種類ごとに、要介護状態区分や施設の所在地域等を勘案して算定されるサービスの平均的な費用を勘案して、厚生労働大臣が定めます。

　　入所者の理美容代、日用品費、教養娯楽費等は、日常生活に要する費用なので保険給付の対象にならず、全額自己負担となります。

　　また、栄養管理については、栄養ケアマネジメントや給食管理業務を適切に評価する観点から、保険給付の対象となっています。糖尿病食などの特別食に関する栄養管理も保険給付の対象になります。

②特例施設介護サービス費の償還額

　　特例施設介護サービス費の償還額は、厚生労働大臣が定める施設介護サービス費の算定基準をもとに、市町村が決定します。

③施設介護サービス費と特定入所者介護サービス費

　介護保険施設サービス、短期入所生活介護、短期入所療養介護、通所介護、通所リハビリテーションを利用した場合の利用者負担については、食費および居住（滞在）費、その他の日常生活費、特別なサービスの費用が介護保険給付の対象外となります。

　低所得者については負担上限を設けられており、介護保険から「補足的給付」を行う等の軽減措置が設けられています。

　施設サービスの介護報酬は、従来型個室、ユニット型準個室、ユニット型個室に区分されています。多床室（定員2人以上の相部屋）については、平成24（2012）年4月1日以前に整備されたものと、その日以降に整備されたものの2つに区分されています。

4 介護予防サービス・地域密着型介護予防サービス・特定入所者介護予防サービス費

　要支援者に対するサービスの介護報酬等については、居宅介護サービスの介護報酬等の場合と同様の考え方によっています。

3　介護報酬の請求審査・支払

1　介護報酬の請求審査・支払

　保険給付が現物給付化された場合には、そのサービスについての介護報酬は、市町村からサービス提供事業者に支払われることになります。

　市町村は、この介護報酬の審査および支払に関する事務を各都道府県単位で設立されている「国民健康保険団体連合会」に委託することができます。サービス提供事業者は国民健康保険団体連合会に費用請求を行います。

　国民健康保険団体連合会は、厚生労働大臣が定めるサービス費用の算定基準およびサービス提供事業者の設備・運営基準等に照らして、その請求を審査したうえで、介護報酬を事業者に支払うことになります。

　こうした請求の審査を行うため、国民健康保険団体連合会に「介護給付費等審査委員会」が設置されています。

問題
1
介護報酬について、以下の選択肢のうち誤っているものを１つ選びなさい。

[選択肢]

①介護報酬は、地域における物件費や人件費の格差に考慮して、地域差が設けられている。

②施設サービスにおいて、日常生活に要する理美容代、日用品費、教養娯楽費等も介護給付の対象となる。

③市町村は、介護報酬の審査および支払に関する事務を各都道府県単位で設立されている国民健康保険団体連合会に委託することができる。

④償還払いでサービスを受けた結果、受けたサービス費用の合計額が支給限度基準額を超えたときには、保険者から被保険者への償還額は支給限度基準額まで減額されることになる。

解答 1 ②

解説 1

① ○ 選択肢のとおり。地域差が設けられています。

② × 理美容代、日用品費、教養娯楽費等は日常生活に要する費用のため、サービスの対象とならず介護給付の対象となりません。食費および居住(滞在)費用も対象となりません。

③ ○ 市町村は、介護報酬の審査および支払に関する事務を国民健康保険団体連合会に委託しているため、サービス提供事業者は国民健康保険団体連合会に費用請求を行っています。

④ ○ 選択肢のとおり。

第8章

一部負担

1 サービス利用者の自己負担

2 高額介護サービス費

3 高額医療・高額介護合算療養費制度

© Aaron Chen - Fotolia.com

サービス利用者の自己負担

1 サービス利用における利用者負担

（1）自己負担の原則

　要介護認定・要支援認定を受けた被保険者が介護サービスを利用する場合には、その者の所得に応じてそのサービスにかかる介護報酬の額の定率1割、2割、または3割の自己負担金をサービス提供事業者に支払います。残りの9割、8割、または7割については、当該事業者が保険者（実際には審査支払業務を行う国民健康保険団体連合会）に請求し、支払いを受けることになります。いわゆる「現物給付」の扱いになっています。

　介護保険制度実施前には、老人福祉の措置制度においては利用者の所得に応じて負担額が決まる「応能負担」（負担金ゼロの者～かかった費用の全額徴収の者）、老人保健制度においては定額の応益負担（医療費に対しては平均2％程度の定額の負担）と、負担の仕組みや負担額の水準にも大きな差異がありました。これを定率1割で統一したのです。

　定率負担とされた理由は、介護サービスにかかった費用の総額がわかりやすくなり、コスト節減意識を高めることにつながると期待されたからです。また、応能負担の前提となる負担能力、所得を正確に把握することに関して国民の間には不信感もありました。昭和59（1984）年の健康保険法大改正により、医療費の適正化、負担の公平化の観点から、被保険者本人に定率負担（原則2割。経過的に当分の間1割）が導入されましたが、介護保険にも定率負担を導入し、これ

を契機に将来的には老人保健制度も定額制の一部負担からかかった医療費の額に対する定率負担に移行させたいという思惑も厚生省の事務局担当官の間にありました。

（2）負担の減免

　定率1割で始まった自己負担ですが、介護保険制度を持続可能なものとし、世代内・世代間の負担の公平、負担能力に応じた負担を求める観点から、平成27（2015）年8月から一定の所得のある人は2割、さらに平成30（2018）年8月からは現役並みの所得のある人については3割を負担することとされています（**図表8-1**）。

　例外的なケースですが、災害その他厚生労働省令で定める特別の事情によって定率1割または2、3割の利用者負担を支払うことが困難な被保険者については、市町村はその者の利用者負担を減免することができます。

図表8-1 ●利用者負担の判定の流れ

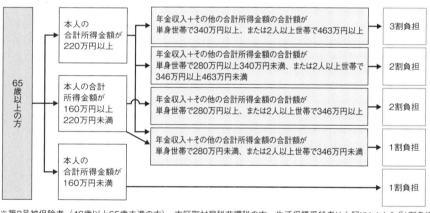

※第2号被保険者（40歳以上65歳未満の方）、市区町村民税非課税の方、生活保護受給者は上記にかかわらず1割負担

出典：厚生労働省資料

（3）領収証

　サービス提供事業者は、被保険者から利用者負担等の支払いを受けたときは、被保険者に対し領収証を交付しなければなりません。

2 利用者と介護保険施設との契約に関する指針

　介護保険施設に入所する利用者が支払う居住費や食費の具体的な金額は、利用者と介護保険施設との契約によって定められます。この契約が適正に行われるように、厚生労働省は「居住、滞在及び宿泊並びに食事の提供に係る利用料等に関する指針」を示しています。概要は次のとおりです。

①適正手続きのガイドライン

　・利用者またはその家族に対する文書による事前の説明

　・利用者の文書による同意

　・居住費・食費等の具体的内容、金額の設定・変更等に関する運営規程への記載、施設内等への掲示

②「居住費（滞在費）」の範囲等に関する指針

　・「居住費（滞在費）」は、居住環境（ユニット型個室、ユニット型準個室、従来型個室、多床室）に応じて設定

　・「居住費（滞在費）」の水準を定めるにあたっては、施設の建設費用（修繕・維持費用等を含み、公的助成の有無についても勘案）、近隣の類似施設の家賃。光熱水費の平均的水準等を勘案

③「食費」の範囲等に関する指針

　・「食費」は、「食材料費」と「調理費」の合計額相当として設定

④その他

　・「特別な室料」、「特別な食費」については、利用者の任意の選択と判断によるものであることから、利用者が一般の室料や食費との差額を全額負担することが原則となっています。

　・「特別な室料」とは、利用者の特別な希望に基づく居住環境（居住面積、立地条件、景観、インターネット接続等の利便性等）をいいます。

　・「特別な食費」とは、利用者の特別な希望に基づくメニュー、食材等をいいます。

図表8-2●利用者負担の範囲

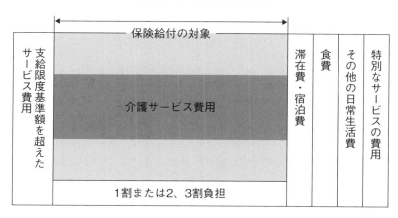

○**支給限度額を超える費用は全額利用者負担**
　在宅サービスについては、要介護度に応じた支給限度基準額（保険対象費用の上限）が設定されている。
　※国の基準　要介護1：16,765単位～要介護5：36,217単位／月（1単位：10円。但し地域・サービスにより異なる）

○**一定の日常生活費は全額利用者負担**
　サービス提供の一環として提供される日常生活上の便宜のうち、日常生活でも通常必要となる費用で利用者負担が適当なものは、保険給付の対象外（例：理美容代、教養娯楽費用、預かり金の管理費用、私物の洗濯代など）。

○**特別なサービスを希望したときは差額を負担**
　例えば、施設サービスでの特別な居室や食事の費用等

出典：厚生労働省資料

2 高額介護サービス費

1 高額介護サービス費

　高額介護サービス費は、利用者の定率1割または2、3割の自己負担が著しく高額となった場合に、家計に与える影響を考慮して設けられた保険給付です。一定額を超える高額の負担となった場合に、保険者（市町村）から、その超えた部分について「高額介護サービス費」、「高額介護予防サービス費」が支給されます。これは利用者の負担が過重にならないように「負担の上限」を定めた軽減措置で、医療保険における「高額療養費制度」と同様の仕組みです。具体的な支給要件、基準額などは、低所得者に配慮して政省令で規定されています。

（1）高額介護サービス費の趣旨

　介護保険の場合は、医療保険の上限の定めのない「出来高払い」ではなく、「定額払い」が基本ですので、原則として著しく高額な利用者負担は発生しないと考えられます。

　ただし、介護サービスが高額となった場合には、とくに低所得者に配慮することが必要です。具体的な負担限度額は**図表8-3**のとおりで、現役並み所得相当の区分の上限額については令和3（2021）年8月から3つに細分化されています。この金額は、居宅サービス・施設サービスで共通となります。

図表8-3●高額介護（予防）サービス費制度

利用者負担段階区分		上限額
生活保護の受給者等		15,000円（個人）
世帯全員が市町村民税非課税	・老齢福祉年金受給者 ・公的年金等の収入金額と合計所得金額の合計が80万円以下	15,000円（個人）
		24,600円
市町村民税課税世帯で下記に該当しない場合		44,400円
現役並み所得相当（※）	年収約383万円以上約770万円未満	44,400円
	年収770万円以上約1,160万円未満	93,000円
	年収約1,160万円以上	140,100円

※世帯内の第1号被保険者の課税所得が145万円以上で、かつ、第1号被保険者が1人のみの場合は年収約383万円以上（世帯内に他の第1号被保険者がいる場合は合計520万円以上）。

3 高額医療・高額介護合算療養費制度

　医療保険および介護保険の自己負担の合計額が著しく高額になる場合の負担を軽減する仕組みとして、平成20（2008）年4月から「高額医療・高額介護合算療養費制度」が導入されました。

　高額医療・高額介護合算療養費制度とは、世帯内の同一の医療保険の加入者について、毎年8月から1年間にかかった医療保険と介護保険の自己負担を合計し、所得区分ごとに定められた自己負担基準額を超えた場合に、その超えた金額を支給する制度です。

　高額療養費制度が「月」単位で負担を軽減するのに対し、高額医療・高額介護合算療養費制度は、「月」単位での負担軽減があってもなお重い負担が残る場合に「年」単位で負担を軽減する制度です。高額療養費制度と同様に、医療保険各制度や所得・年齢区分ごとに自己負担限度額が定められています。

図表8-4 ●高額医療・高額介護合算療養費制度の自己負担限度額

		後期高齢者医療制度＋介護保険制度	被用者保険または国保＋介護保険 (70～74歳がいる世帯 注1)	被用者保険または国保＋介護保険（70歳未満がいる世帯　注2）
現役並み所得者	Ⅲ	212万円	212万円	212万円
	Ⅱ	141万円	141万円	141万円
	Ⅰ	67万円	67万円	67万円
一般所得者		56万円	56万円	60万円
低所得者	Ⅱ	31万円	31万円	34万円
	Ⅰ	19万円（注3）	19万円（注3）	34万円

（注1・2）対象世帯に70～74歳と70歳未満が混在する場合、まず70～74歳の自己負担合算額に限度額を適用した後、残る負担額と70歳未満の自己負担合算額を合わせた額に限度額を適用する。
（注3）介護サービス利用者が世帯内に複数いる場合は31万円。

問題
1

利用者と介護保険施設との契約にあたり、厚生労働省が示している適正手続きのガイドラインについて説明しなさい。

問題
2

以下の文章の（　　　）に、適切な言葉を記入しなさい。

　高額医療・高額介護合算療養費制度とは、（　ア　）からの申請に基づき、（　イ　）単位で医療費と介護費の自己負担額を合算し、一般所得者年額（　ウ　）万円を基本に、所得区分ごとに設定された自己負担限度額を超える額が支給される。

解答例 1

①利用者またはその家族に対する文章による事前の説明

②利用者の文章による同意

③居住費・食費等の具体的内容、金額の設定・変更等に関する運営規定への記載、施設内等への掲示

解答 2　ア：被保険者　イ：世帯　ウ：56（万円）

第**9**章
介護サービス

1 在宅サービス

2 居住系サービス

3 施設サービス

1 在宅サービス

1 在宅サービス

　介護サービスの種類を指定・監督を行う行政権者ごとにまとめると、**図表9-1**のとおりです。

　訪問介護や通所介護等の「居宅サービス」のほか、「居宅介護支援」(ケアマネジメント)、「福祉用具購入費」「住宅改修費」が保険給付として認められています。ここでいう居宅には、有料老人ホーム、ケアハウス、ケア付き住宅等における居室も含まれます。

図表9-1 ●介護サービスの種類

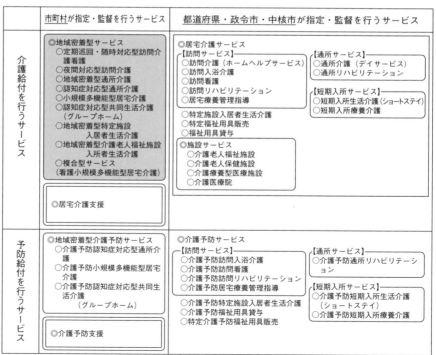

	市町村が指定・監督を行うサービス	都道府県・政令市・中核市が指定・監督を行うサービス
介護給付を行うサービス	◎地域密着型サービス 　○定期巡回・随時対応型訪問介護看護 　○夜間対応型訪問介護 　○地域密着型通所介護 　○認知症対応型通所介護 　○小規模多機能型居宅介護 　○認知症対応型共同生活介護 　　（グループホーム） 　○地域密着型特定施設 　　　　　入居者生活介護 　○地域密着型介護老人福祉施設 　　　　　入所者生活介護 　○複合型サービス 　（看護小規模多機能型居宅介護） ◎居宅介護支援	◎居宅介護サービス 【訪問サービス】　　　　　【通所サービス】 ○訪問介護（ホームヘルプサービス）　○通所介護（デイサービス） ○訪問入浴介護　　　　　　○通所リハビリテーション ○訪問看護 ○訪問リハビリテーション　【短期入所サービス】 ○居宅療養管理指導　　　　○短期入所生活介護（ショートステイ） 　　　　　　　　　　　　　○短期入所療養介護 ○特定施設入居者生活介護 ○特定福祉用具販売 ○福祉用具貸与 ◎施設サービス 　○介護老人福祉施設 　○介護老人保健施設 　○介護療養型医療施設 　○介護医療院
予防給付を行うサービス	◎地域密着型介護予防サービス 　○介護予防認知症対応型通所介護 　○介護予防小規模多機能型居宅介護 　○介護予防認知症対応型共同生活介護 　　　　　（グループホーム） ◎介護予防支援	◎介護予防サービス 【訪問サービス】　　　　　【通所サービス】 ○介護予防訪問入浴介護　　○介護予防通所リハビリテーション ○介護予防訪問看護 ○介護予防訪問リハビリテーション ○介護予防居宅療養管理指導　【短期入所サービス】 　　　　　　　　　　　　　○介護予防短期入所生活介護 ○介護予防特定施設入居者生活介護　　（ショートステイ） ○介護予防福祉用具貸与　　○介護予防短期入所療養介護 ○特定介護予防福祉用具販売

（注）このほか、居宅介護（介護予防）住宅改修、介護予防、日常生活支援総合事業がある。

出典：厚生労働省資料

在宅サービス（居宅サービス）は、次のとおりです。

（1）訪問サービス

①訪問介護（ホームヘルプサービス）

訪問介護員（介護福祉士・ホームヘルパー）が居宅（ケアハウス、有料老人ホーム等を含む、以下同じ）を訪問して、入浴・排泄・食事等の介護等、日常生活上の世話を行うサービス（定期巡回・随時対応型訪問介護看護または夜間対応型訪問介護を除く）

> ・訪問介護職員（ホームヘルパー）が利用者宅に訪問し、食事や着替えなどの身体介護、あるいは調理、洗濯などの生活援助を行う。
>
> ＜事業所数／利用者数＞
>
> 事業所数：約33,000箇所／利用者数：約145万人

②訪問入浴介護

居宅を訪問して、浴槽を提供して入浴の介護を行うサービス

③訪問看護

看護師等が居宅を訪問して、療養上の世話または必要な診療の補助を行うサービス

④訪問リハビリテーション

理学療法士や作業療法士等が居宅を訪問して、理学療法・作業療法その他必要なリハビリテーションを行うサービス

⑤居宅療養管理指導

医師・歯科医師・薬剤師・歯科衛生士・管理栄養士等が居宅を訪問し、療養上の管理や指導を行うサービス

（2）通所サービス

①通所介護（デイサービス）

デイサービスセンター等に通わせ、当該施設において、入浴・食事の介護等の日常生活上の世話・機能訓練を行うサービス

> ・自宅から送迎などでデイサービスセンターに通い、機
> 能訓練や食事・入浴等をして日中過ごす
> ＜事業所数／利用者数＞
> 事業所数：約24,000箇所／利用者数：約160万人

②通所リハビリテーション

　　介護老人保健施設、病院・診療所等に通わせ、当該施設におい
て、理学療法・作業療法その他必要なリハビリテーションを行
うサービス

（3）短期入所サービス（ショートステイ）

①短期入所生活介護

　　特別養護老人ホーム、短期入所施設等に短期間入所させ、当該
施設において入浴・排泄・食事等の介護その他の日常生活上の
世話、機能訓練を行うサービス

②短期入所療養介護

　　介護老人保健施設・療養病床等に短期間入所させ、当該施設に
おいて、看護・医学的管理下における介護・機能訓練その他必
要な医療および日常生活上の世話を行うサービス

2 住宅改修、福祉用具貸与・販売

（1）住宅改修

　　要介護者等が、自宅に手すりを取付ける等の住宅改修を行ったと
きは、工事完成後、費用発生の事実がわかる書類（領収証など）等
を提出することにより、市町村が必要と認める場合に限り実際の住
宅改修費の9割または8割相当額が償還払いで支給されます。支給
額は、支給限度基準額（20万円）の9割または8割（18万円または
16万円）が上限となります。

　なお、悪質な事業者による住宅リフォーム被害を防止するため、住宅改修においては事後審査とともに、あらかじめ資料等の事前審査を受ける「事前申請制度」が導入されています。

（2）住宅改修の種類

　介護保険の対象となる工事の種類は、次のとおりです。

①手すりの取り付け

②段差の解消

③滑りの防止および移動の円滑化等のための床または通路面の材料の変更

④引き戸等への扉の取り替え

⑤洋式便器等への便器の取り替え

⑥その他前各号の住宅改修に付帯して必要となる住宅改修

（3）福祉用具販売

　毎年4月1日からの1年間の期間について、特定福祉用具の購入に通常要する費用を勘案した支給限度基準額が定められており、この金額は10万円となっています。

（4）支給限度基準額の上乗せ

　区分支給限度基準額、福祉用具購入費支給限度基準額および住宅改修費支給限度基準額については、市町村は条例で定めるところにより、厚生労働大臣が定める支給限度額を上回る額を、当該市町村における支給限度額とすることができます。

　この財源は、第1号被保険者の保険料で賄うこととされています。

3 市町村特別給付（サービスの横出し、上乗せ）

（1）横出しサービス

　　横出しサービスとは、介護保険法に定める介護給付と予防給付の
サービス以外の種類のサービスをいいます。介護保険法に定める
サービス以外に、例えば、移送サービス、配食サービス、寝具丸洗
い乾燥サービスや理髪サービス等を「市町村特別給付」として行う
場合には、それが「横出しサービス」となります。

　　その財源は、原則として第1号被保険者保険料のみで賄い、第2号
被保険者が負担する介護給付費交付金、国費および都道府県費を充
てることができません。実際に行われている横出しサービスは、配
食サービス、おむつの支給、移送サービスなどが多くなっています。

（2）上乗せサービス

　　上乗せサービスとは、介護給付と予防給付にかかる居宅介護サー
ビス費等について、厚生労働大臣が定める居宅介護サービス費区分
支給限度基準額等に代えて、その額を超える額を、その市町村にお
ける基準額として条例で定めたものをいいます。一般的には、厚生
労働省の示すモデル・ケアプランの水準を超えるサービス水準の部
分が「上乗せサービス」に当たります。その財源は「横出しサービス」
と同様に、原則として第1号被保険者の保険料のみで賄うことにな
ります。

（3）財源構造との関係

　　横出しサービスや上乗せサービスは、第1号被保険者の保険料の
みによって支えられます。

　　通常、介護保険の給付の必要な財源の構成は、保険料50%（第1
号被保険者及び第2号被保険者の保険料。この両者の負担の割合は
人口比によるものであり、高齢化の進展によって変化し、介護保険

スタート時の平成12（2000）年度はそれぞれ17%、33%であった
ものが、令和3（2021）年度にはそれぞれ23%、27%に変化して
きています。）、国25%（調整交付金分の5%を含みます）、都道府
県12.5%、市町村12.5%（施設等給付の場合は国20%、都道府県
17.5%）となっています。このような財源によって給付が賄われる
のは、国が示す介護給付と予防給付の標準的なサービスの水準の範
囲内のサービスということになります。

　例えば、国費についてみると、国は「介護給付及び予防給付に要
する費用の額の100分の20に相当する額を負担する」としていま
すが、条例によって支給限度額を超える額を当該市町村の支給限度
額としている市町村については「当該条例による措置が講ぜられな
いものとして、政令で定めるところにより算定した当該介護給付及
び予防給付に要する費用の額に相当する額とする」としています。
この考え方は、都道府県負担、市町村負担、そして第2号被保険者
の負担による介護給付費交付金のすべてに適用されます。

　したがって、保険者（市町村）による横出し・上乗せサービスの
設定は、その財源となる第1号被保険者の保険料を押し上げる要因
となるので、どのサービスを横出し・上乗せサービスとして行うの
かは、慎重な検討が求められます。介護サービスを介護保険の枠内
のみでとらえるのではなく、広い意味での「横出しサービス」とし
て一般会計の地域福祉サービスとしてとらえ、一般財源によって充
実を図っていくことも1つの方法です。

4　基準該当サービス

　居宅サービスを提供する事業者は法人格を有し、一定の人員基準や
設備・運営基準を満たす必要があります。これらを完全には満たして
いなくても（例えば、法人格のない住民参加型の非営利組織が提供す
るホームヘルプサービス等）、市町村（保険者）が、そのサービスが一

定の水準を満たしていると認めた場合には、「基準該当サービス」として、被保険者に対し特例居宅サービス費等が支給（償還払い）されることがあります。この限りでは、指定を受けていない居宅サービス提供事業者であっても、介護保険法におけるサービスの提供主体となることがあり得ることになります。これは、利用者のサービス選択の幅を広げるとともに、地域の実情に即した適切なサービス提供を可能にするという観点から、地域に最も身近な市町村が個別に柔軟な判断することができることを法律上認めたものです。

　また、例外的に、離島などのように、指定を受けた事業者によるサービスも、基準該当サービスも確保することが困難な地域においては、市町村の個別の判断によりそれ以外の事業者によるサービス提供も介護保険の保険給付対象とすることが認められており、介護保険法におけるサービスの提供主体となります。

5　介護予防給付

（1）介護予防給付のサービスの内容

　介護予防給付は、訪問入浴介護・訪問看護・通所リハビリテーション・福祉用具貸与・居宅療養管理指導・ショートステイ・グループホーム等の介護サービスが提供されます。生活機能の維持・向上の観点から、その内容・提供方法・提供期間等、その必要性等を十分に判断して行うことが必要です。

　なお、介護予防訪問介護および介護予防通所介護については、平成27（2015）年4月から平成29（2017）年3月までに、介護予防・日常生活支援総合事業（地域支援事業）に移行されており、介護予防・生活支援サービス事業の一つとして全市町村で提供されています。

　実施方法については、介護予防訪問介護および介護予防通所介護に相当するサービスは、従来どおり指定事業者により提供されます

が、その給付は予防給付ではなく、地域支援事業の第1号事業支給
費となります。

（2）介護予防給付のケアマネジメント

　介護予防支援（ケアマネジメント）のケアプランについては、介
護給付とは異なり、公正・公平な観点から地域包括支援センターの
保健師等が、アセスメント、ケアプラン作成、事後評価を行うこと
となります。介護予防ケアプランの原案作成などの業務の一部につ
いては、居宅介護支援事業者に委託できることとされています。

6　地域密着型サービス

（1）地域密着型サービス

　地域密着型サービスは、高齢者ができるだけ住み慣れた環境で、
長期間にわたり生活を維持できるように、地域特性に応じて柔軟な
サービス提供を可能とするサービス体系です。認知症対応型共同生
活介護（グループホーム）も、地域密着型サービスの1つに位置づ
けられています。この地域密着型サービスの事業者の指定は、都道
府県ではなく、市町村が行います。要支援者も認知症対応型共同生
活介護（グループホーム）を利用できます。

　地域密着型サービスおよび地域密着型介護予防サービスの特徴は
次のとおりです。

・市町村がサービス事業者の指定、指導監督の権限をもっています。

・原則として、当該市町村の被保険者のみがサービスを利用できま
　す。ただし、複数の市町村が指定することで、隣接市町村などの
　被保険者も利用可能となります。

・市町村は、地域の実情に応じた弾力的なサービスを整備していく
　ため、その独自の判断で全国一律の報酬額を上回る介護報酬の設
　定ができます（平成23（2011）年法改正）。

（2）地域密着型サービスの種類

①小規模多機能型居宅介護

　その者の心身の状況、環境等に応じて、その者の選択に基づき、その者の居宅において、または通所あるいは短期入所サービス拠点において、入浴・排泄・食事等の介護その他の日常生活上の世話および機能訓練を行うサービス

　小規模多機能型居宅介護は、「通い」を中心として、要介護者の様態や希望に応じて、随時「訪問」や「泊まり」を組み合わせてサービスを提供することで、在宅での生活継続を支援するものです（**図表9-2**）。

②認知症対応型共同生活介護（グループホーム）

　認知症である者が共同生活を営む住居において、入浴、排泄、食事などの介護その他の日常生活上の世話および機能訓練を行うサービス。

③地域密着型通所介護

　居宅要介護者が通所する老人デイサービスセンター等において、入浴、排泄、食事などの介護その他の日常生活上の世話および機能訓練

図表9-2●小規模多機能型居宅介護のイメージ

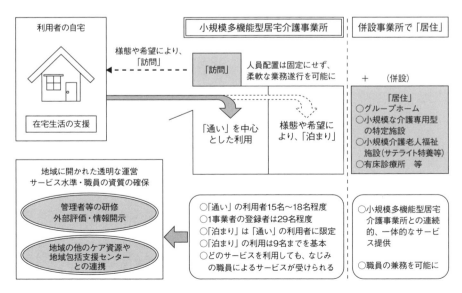

を行うサービス。

④認知症対応型通所介護（デイサービス）

認知症である者が通所するデイサービスセンターにおいて、入浴、排泄、食事などの介護その他の日常生活上の世話および機能訓練を行うサービス。

⑤夜間対応型訪問介護

夜間の定期的な巡回により、または通報を受け、居宅において行われる入浴、排泄、食事などの介護その他の日常生活上の世話を行うサービス。

⑥定期巡回・随時対応型訪問介護看護

重度の要介護者等の在宅生活を支えるため、日中・夜間を通じて、訪問介護と訪問看護が一体的にまたは密接に連携しながら、定期巡回と随時訪問の介護サービスと看護サービスを行います。適切なアセスメントとマネジメントに基づいて、1日複数回、必要なタイミングで必要な量と内容のケアを一体的に提供します（**図表9-3**）。

定期巡回・随時対応型訪問介護看護には、2つの類型があります。

図表9-3●定期巡回・随時対応型訪問介護看護の2類型

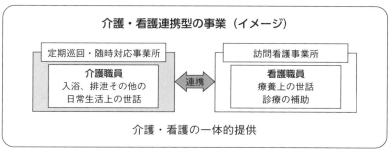

㋐1つの事業所で訪問介護と訪問看護のサービスを一体的に提供
する介護・看護一体型

㋑訪問介護を行う事業所が地域の訪問看護事業所と連携をして
サービスを提供する介護・看護連携型

⑦複合型サービス（看護小規模多機能型居宅介護）

　小規模多機能型居宅介護と訪問看護の複数のサービスを組み合わせ
た複合型事業所において、看護と介護サービスの一体的な提供により
医療ニーズの高い要介護者への支援の充実を図ります。サービスの一
元管理により利用者ニーズに応じた柔軟なサービス提供と人員配置が
可能となります。

⑧地域密着型介護老人福祉施設入所者生活介護

　小規模の特別養護老人ホーム（定員30人未満）において、入浴・排泄・
食事などの介護その他の日常生活上の世話、機能訓練、健康管理およ
び療養上の世話を行うサービス

⑨地域密着型特定施設入居者生活介護

　入居者が要介護者、その配偶者などに限られる小規模の有料老人
ホームなど介護専用型特定施設（定員30人未満）において、入浴・排泄・
食事などの介護その他の日常生活上の世話、機能訓練および療養上の
世話を行うサービス

（3）地域密着型介護予防サービスの種類

①介護予防小規模多機能型居宅介護

　その者の心身状況、環境などに応じて、その者の選択に基づき、そ
の者の居宅または通所あるいは短期入所のサービス拠点において、入
浴、排泄、食事などの介護その他の日常生活上の世話および機能訓練
を行うサービス

②介護予防認知症対応型共同生活介護（グループホーム）

　認知症である者が共同生活を営む住居において、入浴、排泄、食事
などの介護その他の日常生活上の世話および機能訓練を行うサービス

③介護予防認知症対応型通所介護（デイサービス）

　認知症である者が通所するデイサービスセンターにおいて、入浴、排泄、食事などの介護その他の日常生活上の世話および機能訓練を行うサービス

2 居住系サービス

1 特定施設入居者生活介護

　「特定施設」とは、要介護者を含む高齢者のための生活施設等に入所している要介護者等について、介護サービス計画に基づき、その施設で雇用している職員により入浴・排泄・食事等の日常生活の世話、機能訓練および療養上の世話を行うサービスです。

　特定施設入居者生活介護の対象となる施設は、有料老人ホーム、軽費老人ホーム（ケアハウス）、一定以上の居住水準と生活支援・介護サービスの提供体制を整備したサービス付き高齢者向け住宅となっています。特定施設入居者生活介護は、施設サービスではなく、居宅サービスに分類されます。

　外部の介護サービス事業者との連携によるサービス提供も可能です。

（1）有料老人ホーム

　有料老人ホームは、老人福祉法に基づき、高齢者を入居させ、入浴、排泄、食事の介護、食事の提供、その他の日常生活上必要な援助をする事業を行う施設です。入居者保護の観点から、情報開示の義務化、都道府県による立入権限の付与等の規制が行われています。

　有料老人ホームの「届出規制」を回避するために、その届出要件に該当しないような形態で事業を行っている施設において火災による多数の死亡者が出た事件があったことから、人数要件（常時10人以上の高齢者の入所）が廃止されています。

　提供サービスの要件は、「入浴、排泄若しくは食事の介護、食事の提供又はその他の日常生活上必要な便宜であって厚生労働省令で定めるものの供与」です。また、入居者保護の観点から、帳簿の保存および情報開示の義務化、倒産等に備えた一時金保全措置の義務化、都道府県への立入検査権限の付与、改善命令の際の公表の規定が整備されています。

（2）軽費老人ホーム（ケアハウス）

　ケアハウスは、老人福祉施設の一つである軽費老人ホームの一形態で、身体機能が低下し自立した生活を営むことに不安がある60歳以上の高齢者であって、家族による援助を受けることが困難な者の利用する施設です。車いすの利用に配慮するなど構造設備の面で工夫されています。ケアプランに基づき、軽費老人ホームの職員により提供される介護サービスを受けることができます（特定施設）。

　なお、ケアハウスは、地域密着型のサービスを提供することもできます。

（3）養護老人ホーム

　老人福祉法に基づく老人福祉施設の一つで、低所得で、精神疾患やアルコール依存症などを抱え、家族や地域社会のなかでの人間関係がうまく築けない一方で、一人暮らしも困難な高齢者等については、措置制度により入所することができます。

　しかし、要支援・要介護の入所者の場合は、介護保険サービスを利用できますが、その場合は、措置施設（養護老人ホーム）から契約施設（ケアハウス）へと転換し、介護保険法上の「特定施設入居者生活介護」の対象施設となります。

　なお、養護老人ホームの運営費の財源は、平成17（2005）年度の三位一体改革によりそれ以前の措置費制度から「一般財源化」されています。

（4）サービス付き高齢者向け住宅

　高齢者の居住の場は、8割以上が持家であり、介護が必要な高齢者の8割は在宅で生活しています。

　平成23（2011）年に、高齢者の居住の安定確保に関する法律に基づき、サービス付き高齢者向け住宅・登録制度が発足しました。

　できるかぎり地域で、自宅での生活を継続したいと願う高齢者と家族の意向や希望をかなえ、介護保険施設入所を少なくしていくためにも、介護・医療と連携し高齢者を支援するサービスを提供する体制の整った住宅の整備と普及が望まれていたことによるものです。

図表 9-4 ● 高齢者の居住の場（平成 19 年度）

	H20	H15	H10
総世帯	51.5%	54.7%	56.4%
25歳未満	0.9%	1.2%	1.6%
25-29	7.8%	9.4%	10.1%
30-34	22.8%	23.8%	24.9%
35-39	38.0%	41.3%	44.1%
40-44	49.0%	54.3%	58.1%
45-49	57.7%	62.8%	65.8%
50-54	63.4%	67.3%	70.1%
55-59	66.7%	71.0%	73.8%
60-64	69.7%	72.9%	76.5%
65-69	70.5%	72.7%	78.7%
70-74	70.5%	73.7%	79.0%
75歳以上	69.9%	71.6%	75.5%

出典：総務省統計局「住宅・土地統計調査」

○高齢者世帯における持家率の低下
　→経時的な持家率の変動は、低下の傾向を示している。

○高齢者の9割以上は在宅
　→第1号被保険者3,168 万人のうち3,074 万人（97%）が在宅

○要介護の高齢者も約8割が在宅
　→要介護認定者566 万人のうち472 万人（83%）が在宅介護

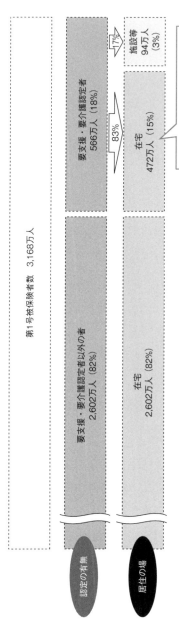

第1号被保険者数　3,168万人

要支援・要介護認定者以外の者
2,602万人（82%）

要支援・要介護認定者
566万人（18%）

在宅
2,602万人（82%）

在宅
472万人（15%）

施設等
94万人
（3%）

83%

17%

在宅高齢者における
ケアのニーズは高い

認定の有無

居住の場

①第1号被保険者数、要支援・要介護認定者数については、介護保険事業状況報告の数値（平成25年12月末現在）。
②施設等入所者数については、平成25年介護給付費態調査より。介護保険3施設の利用者数の合計。

図表 9-5 ● サービス付き高齢者向け住宅と介護保険の連携イメージ

日常生活や介護に不安を抱く「高齢単身・夫婦のみ世帯」が、特別養護老人ホームなどの施設への入所ではなく、住み慣れた地域で安心して暮らすことを可能とするよう、新たに創設される「サービス付き高齢者向け住宅」(高齢者住まい法：国土交通省・厚生労働省共管)に、24時間対応の「定期巡回・随時対応サービス」(介護保険法：厚生労働省)などの介護サービスを組み合わせた仕組みの普及を図る。

サービス付き高齢者向け住宅
(国土交通省・厚生労働省共管)
→高齢者住まい法改正による創設

住み慣れた環境で必要なサービスを
受けながら暮らし続ける

24時間対応の訪問介護・看護
「定期巡回・随時対応サービス」
→介護保険法改正による創設

診療所、訪問看護ステーション、
ヘルパーステーション、
デイサービスセンター、
定期巡回・随時対応サービス (新設)

3 施設サービス

1 介護保険4施設

（1）介護保険施設

　介護保険施設には、指定介護老人福祉施設（特別養護老人ホーム）、介護老人保健施設（老人保健施設）、指定介護療養型医療施設（療養病床等）、介護医療院の4種類があります（**図表9-6**）。介護保険制度の創設までは別々の法律（それぞれ老人福祉法、老人保健法、医療法）により規定されてきた経緯等もあって、施設の目的、設置主体、施設設備および人員の基準など、介護保険の適用を受けるために必要な基準や介護保険の適用のための指定（介護老人保健施設については許可）についてもそれぞれ異なっています。

　都道府県知事は、介護保険施設については、人員基準、設備・運営基準に反するとき、指定の取消し事由に該当するときは、指定（許可）をしてはなりません。なお、介護保険施設以外の要介護高齢者等の利用のための居住系施設としては、「特定施設」があります（178頁を参照）。

　なお、介護保険施設においても、指定の更新性、施設の責務、都道府県知事による指導・監督・指定（許可）の取消しについては、大まかには、指定居宅サービス事業者や指定居宅介護支援事業者の場合と同様です。指定［許可］取消し事由には、要介護認定・要支援認定にかかる調査の委託を市町村から受けた場合に虚偽の結果報告を行うことも含まれています。

　また、介護保険施設においては、指定居宅介護支援事業者と同じく、

図表9-6 ●介護保険施設の概要

			介護老人福祉施設	介護老人保健施設	介護医療院	介護療養型医療施設
基本的性格			要介護高齢者のための生活施設	要介護高齢者にリハビリ等を提供し在宅復帰を目指し在宅療養支援を行う施設	要介護高齢者の長期療養・生活施設	医療の必要な要介護高齢者のための長期療養施設
定義			老人福祉法第20条の5に規定する特別養護老人ホームであって、当該特別養護老人ホームに入所する要介護者に対し、施設サービス計画に基づいて、入浴、排せつ、食事等の介護その他の日常生活上の世話、機能訓練、健康管理及び療養上の世話を行うことを目的とする施設(法第8条第27項)	要介護者であって、主としてその心身の機能の維持回復を図り、居宅における生活を営むことができるようにするための支援が必要である者に対し、施設サービス計画に基づいて、看護、医学的管理の下における介護及び機能訓練その他必要な医療並びに日常生活上の世話を行うことを目的とする施設(法第8条第28項)	要介護者であって、主として長期にわたり療養が必要である者に対し、施設サービス計画に基づいて、療養上の管理、看護、医学的管理の下における介護及び機能訓練その他必要な医療並びに日常生活上の世話を行うことを目的とする施設(法第8条第29項)	療養病床等を有する病院又は診療所であって、当該療養病床等に入院する要介護者に対し、施設サービス計画に基づいて、療養上の管理、看護、医学的管理の下における介護その他の世話及び機能訓練その他必要な医療を行うことを目的とする施設(改正前の法1第8条第26項)
設置根拠			介護保険法(介護老人福祉施設)老人福祉法(老人福祉施設[特別養護老人ホーム])	介護保険法(介護老人保健施設)	介護保険法(介護医療院)	旧介護保険法(介護療養型医療施設)医療法(病院・診療所)
医療法上の位置づけ			居宅等	医療提供施設	医療提供施設	病床
主な設置主体			社会福祉法人(約95%)	医療法人(約75%)	医療法人(約92%)	医療法人(約83%)
施設数			8,234	4,337	245	833
在所(院)者数			54,5735人	33,4212人	1,5085人	3,0250人
平均在所(院)日数			1,177.2日	309.7日	189.1日	471.7日
平均要介護度			3.96	3.2	4.18	4.33
居室面積・定員数	従来型	面積/人	10.65㎡以上	8㎡以上	8㎡以上	6.4㎡以上
		定員数	原則個室	4人以下	4人以下	4人以下
	ユニット型	面積/人	10.65㎡以上			
		定員数	原則個室			
人員基準	医師		必要数(非常勤可)	1以上/100:1以上	Ⅰ型:3以上/48:1以上 Ⅱ型:1以上/100:1以上	3以上/
	看護職員		3:1以上	3:1以上(うち看護職員を2/7程度を標準)	6:1以上	6:1以上
	介護職員				Ⅰ型:5:1〜4:1以上 Ⅱ型:6:1〜4:1以上	6:1〜4:1以上(療養機能強化型は5:1〜4:1以上)
	介護支援専門員		1以上/100:1以上	1以上/100:1以上	1以上/100:1以上	1以上/100:1以上
介護報酬月額※(要介護1〜5)			ユニット型個室 19.8〜28.2万円	ユニット型個室(在宅強化型) 25.6〜33.1万円	ユニット型個室 Ⅰ型:25.6〜41.9万円 Ⅱ型:25.6〜40.7万円	ユニット型個室 21.5〜35.4万円

＊1：平成23年の介護保険法改正により介護療養型医療施設を廃止(2023年度末に完全廃止)。
＊2：施設数などは介護サービス施設・事業所調査(令和元年10月1日現在。平均在所(院)日数は同9月1日現在)。
＊3：介護報酬月額は令和3〜5年度の月額

「介護支援専門員」を必ず配置する必要があります。

（2）指定介護老人福祉施設の指定

　指定介護老人福祉施設とは、介護福祉施設サービスを提供する施設として、都道府県知事に申請を行い、その指定を受けた特別養護老人ホームです。（老人福祉法上の特別養護老人ホームの認可を別途受けていることが前提となります）

（3）介護老人保健施設の開設許可

　介護老人保健施設とは、介護老人保健施設サービスを行う施設として、都道府県知事に申請を行い、開設許可を受けたものです。

　指定ではなく許可となっているのは、介護保険法の前身である老人保健法の規定を引き継いだことから、この1つの許可に、施設そのものの開設の許可と、介護保険法に基づくサービスを提供する機関としての指定（保険指定）という2つの性格をあわせもたせているためです。

　介護老人福祉施設や介護医療型医療施設は、それぞれ老人福祉法や医療法による規制を前提とした上で、介護保険法において「指定」その他の必要な規制を行っているのに対し、介護老人保健施設については、介護保険法がすべての規制を行っているので、そうした違いが生じています。介護保険法の条文だけみると、介護老人保健施設だけ規制が厳しいような印象を受けますが、実質上は同等ということになります。

　また、都道府県知事は、介護老人保健施設を営利を目的として開設しようとする者に対しては、許可を与えないことができます。これは、医療法における病院・診療所の開設についての規制と同じです。

　さらに、都道府県知事は、都道府県介護保険事業支援計画の達成に支障を生じるおそれがあると認める場合は、許可を与えないことができます。同様の規定は、次の（4）、（5）の介護医療院の指定介護療養型医療施設についても設けられておりますが、（2）の指定介護老人福

祉施設については老人福祉法に同趣旨の規定が設けられています。

（4）指定介護療養型医療施設の指定

　指定介護療養型医療施設とは、介護療養施設サービスを提供する施設として都道府県知事に申請を行い、その指定を受けた療養病床等を有する病院または診療所です。すなわち、医療法上の許可を別途受けていることが前提となります。

　「療養病床等」には、①療養病床のほか、②「老人性認知症疾患療養病棟」が含まれます。

　指定の申請は、指定を受けようとする療養病床等の入所定員および対象となる病棟部分を明らかにして、行わなければなりません。すなわち、前述（2）（3）の介護保険施設と異なり、必ずしも施設（病院または診療所）全体が指定を受けることを想定しているものではありません。

　なお、指定介護療養型医療施設については医療型、介護型の医療病床を再編する流れのなかで、令和6（2024）年3月末までに廃止され、他の施設への移行計画が進められています。

（5）介護医療院の開設許可

　介護医療院は、介護医療院サービスを提供する施設として都道府県知事に申請を行い、開設許可を受けたものです。介護医療院は医療法上の「医療提供施設」であり、介護老人保健施設と同様、都道府県知事による指定ではなく開設の許可ということになっています。

　介護医療院は、平成29（2017）年の介護保険法改正（地域包括ケア強化法）において、①「日常的な医学管理」や「看取り・ターミナルケア」等の医療機能と、②「生活施設」としての機能とを兼ね備えた新たな介護保険施設です。

　廃止される介護療養型医療施設のいわば受け皿として創設され、介護療養型医療施設や介護老人保健施設等から介護医療院への早期転換を促すため、介護医療院には令和2（2020）年度末までの報酬上の支

援（移行定着支援加算の創設）も算定されました。医療法にいう病院、診療所ではありませんが、介護医療院に転換した場合は、転換前の病院、診療所の名称を引き続き使用できます。

2　介護保険4施設におけるサービス

（1）介護老人福祉施設のサービス

　介護老人福祉施設では、入所する要介護者で、主としてその心身の機能の維持回復を図り、居宅における生活を営むことができるようにするための支援が必要である者に対し、「施設サービス計画」に基づいて行われる入浴・排泄・食事等の介護その他の日常生活上の世話、機能訓練、健康管理および療養上の世話が行われます。

　なお、他の介護保険施設の入所（院）者は要介護1～5の人ですが、介護老人福祉施設の場合は、新規入所者を原則として要介護度3以上の高齢者に限定し、在宅での生活が困難な中重度の要介護者を支える施設としての機能に重点化しています。認知症で日常生活が困難などやむを得ない事情があれば要介護1、2も入所可能です。

- ・要介護高齢者のための生活施設
- ・終の棲家（すみか）であり、低所得者の最後の砦
- ＜施設数／利用者数＞
-   施設数：約8,000箇所／利用者数：約69万人

（2）介護老人保健施設のサービス

　介護老人保健施設では、入所する要介護者に対し、「施設サービス計画」に基づいて行われる看護、医学的管理の下における介護および機能訓練その他必要な医療ならびに日常生活上の世話が行われます。

　介護老人保健施設は、在宅復帰・在宅療養支援の地域拠点となる施設です。そのために看護、医学的管理の下での介護、機能訓練、必要

な医療などが提供されています。特に平成29（2017）年の法改正で、在宅復帰・在宅療養支援の役割がより明確に示されたところから、この機能をさらに推進させるため、介護報酬においても「在宅復帰・在宅療養支援等指標」という10の評価項目をもとにした評価を行う仕組みがとられています。

　また、介護老人保健施設には「介護療養型介護老人保健施設」という類型があります。これは介護療養型医療施設を平成23年度末をもって廃止（その後の再々延長により、令和6（2024）年3月末までに廃止）するとされたことから、その受け皿として平成20年に創設されたものです。ただ、介護療養型医療施設から介護療養型介護老人保健施設への転換は思うように進まず、さらには介護医療院の創設により介護医療院への転換が進められています。

（3）介護療養型医療施設のサービス

　介護療養型医療施設は入院者に対する、「施設サービス計画」に基づいて、療養上の管理、看護、医学的管理下における介護などの世話および機能訓練その他必要な医療を行います。

　介護療養型医療施設には、療養病床及び老人性認知症疾患療養病棟があります（医療保険適用型の療養病床は含まれません）。

　介護療養病床の利用状況をみると、必ずしも医療サービスの必要度の高くない人も入院している実情がありました。

　在宅サービスの促進、介護サービス費用の適正化等の観点にたって介護療養病床の削減の再編成を進める、という国会の決議（平成18（2006）年6月）に沿って、介護療養病床については、医療の必要度の高い患者を受け入れるものに限定して医療保険で対応するとともに、医療の必要性の低い患者については、病院ではなくケアハウス等を含む在宅または老人保健施設等で受け入れることで対応することとされ、令和6（2024）年3月末までに介護療養型医療施設を廃止することとされています（186頁を参照）。

　介護療養型療養病床については、老人保健施設、介護医療院などへ

の転換が進められています。医療サービスの必要性の高い者を対象とした医療保険適用型の療養病床については、真に必要なものに限って存続することとされていますが、最近、増加傾向にあります。

（4）介護医療院のサービス

　介護医療院では、要介護者で、主として「長期にわたり療養」が必要である者に対し、「施設サービス計画」に基づいて、療養上の管理、看護、医学的管理の下における介護および機能訓練その他必要な医療ならびに「日常生活上の世話」が行われます。

　介護療養病床相当のⅠ型と、介護老人保健施設相当のⅡ型の２つの類型があります。Ⅰ型は重篤な身体疾患のある人、身体合併症を有する人など、Ⅱ型は容体が比較的安定している人などが対象です。したがって人員基準についても、医師、薬剤師、看護職員、介護職員は、医療・介護の複合的ニーズに対応し、介護より医療のケアを手厚くしたⅠ型と、介護のケアのほうに重点が行くⅡ型と求められる医療・介護ニーズを勘案して設定されています。また、リハビリテーション専門職、栄養士、放射線技師、その他の従業者は「日常生活上の世話」を重視することからⅠ型、Ⅱ型の別なく施設全体として配置をすることを念頭に設定されています。

3 介護保険施設に対する介護報酬

　介護保険施設の報酬類型は、居住環境の違いに応じ、ユニット型個室、ユニット型準個室、従来型個室、多床室（相部屋）の４類型となっています。ユニット型個室によるユニットケアは、要介護高齢者のケアの質の観点から、その普及が図られてきました。

　短期入所生活（療養）介護も、介護保険施設と同様の４類型で、ユニット型個室およびユニット型準個室によるユニットケアが重視されています。４類型それぞれについて、居住環境の違いを勘案した「滞在に

要する費用」が介護報酬から控除されます。

　また、利用者が支払う居住費（滞在費）の範囲は、居住環境の違いに応じて、ユニット型個室、ユニット型準個室および従来型個室については、室料および光熱水費相当、多床室については光熱水費相当を基本とし、施設等と利用者との契約により定めることとなっています。

　在宅と施設における給付と負担の公平性、介護保険給付と年金給付との調整の観点から、介護保険施設等における居住費（滞在費）および食費は保険給付の対象外とされています。食費は基本的に自己負担ですが、栄養管理業務については施設介護サービス費等に加算されます。

　なお、保険給付の対象外とされている居住費・食費については、適正な契約の確保や利用者保護の観点から、契約の手続きなどに関して事業者が遵守すべき運営基準等が設けられています。

4　居住費（滞在費）・食費の負担

　居住費（滞在費）と食費の具体的な金額は、施設ごとに利用者と施設との契約によります。

（1）居住費（滞在費）

　居住費（滞在費）については、居室が多床室（相部屋）、従来型個室、ユニット型準個室、ユニット型個室の4つに区分され、居住環境に応じた負担となります。

　多床室では室料負担はなく、光熱水費相当が利用者負担となります。従来型個室、ユニット型準個室およびユニット型個室では、室料と光熱水費相当が利用者負担となります。

　具体的な負担額は、利用者と施設との契約により定められます。

（2）食費

　介護保険施設入所、短期入所生活介護および短期入所療養介護、通

所介護・通所リハビリテーションについて、食事に要する費用（食材費・調理費）は自己負担となります。

　栄養管理については、個々の入所者の栄養状態、健康状態に着目した栄養ケアマネジメントが保険給付の対象とされ、介護保険施設、短期入所生活介護、短期入所療養介護などでは、常勤の管理栄養士または栄養士を1名以上配置した場合に栄養管理体制加算が支払われます。

　また、入所者の栄養状態を適切にアセスメントし、その状態に応じて多職種協働により栄養ケアマネジメントが行われた場合、栄養マネジメント加算が支払われます。

　利用者が自己負担で支払う食費の範囲は、食事材料および調理にかかる費用を基本として、施設等と利用者との契約により定めることとされています。

［参考］欧米諸国の施設入所者の利用者負担

　諸外国においては、介護施設入所者の居住費（滞在費）や食費は自己負担となっているのが一般的です（**図表9-7**）。

図表9-7●欧米諸国の施設入所者の利用者負担

	原　則	低所得者
ドイツ	居住費・食費、給付限度額を超える部分は自己負担が原則	州の社会扶助（公費）が支給される
イギリス	施設入所については、一定以上の所得・資産を有する者は全額自己負担	サービスに要する費用の全部または一部を地方自治体が負担
フランス	施設における食費・居住費は自己負担が原則	社会扶助から支給
スウェーデン	施設における食費・居住費は自己負担が原則	家賃補助等を支給
アメリカ	メディケアでは一定期間しか給付されず、期間経過後は全額自己負担	自己負担できないと認められる場合はメディケイドで対応

資料：厚生労働省老健局

5 低所得者への配慮－特定入所者介護サービス費（補足給付）

　低所得者については、所得に応じた負担限度額を定め、減額相当分について介護保険から補足給付（特定入所者介護サービス費）が行われます。

①対象者

　介護保険4施設、ショートステイ、地域密着型介護老人福祉施設の利用者のうち、利用者負担段階が第1段階～第3段階に該当する者で申請のあったもの等です（**図表9-8**）。また、現金、預貯金等の資産の額が段階に応じて一定額以下であることが要件となります（第2号被保険者の場合は、単身で1,000万円以下、夫婦で2,000万円以下）。

　利用者負担の段階は、保険料の所得段階と同様です。施設入所されている者の約6割（特別養護老人ホームの場合は約8割）が該当しています。

図表9-8 ●低所得者への補足給付

利用者負担段階	所得に関する要件	資産に関する要件
第1段階	・生活保護被保護者 ・世帯全員が市町村民税非課税の老齢福祉年金受給者	単身で1000万円以下 （夫婦で2000万円以下）
第2段階	・世帯全員が市町村民税非課税かつ本人年金収入等80万円以下	単身で650万円以下 （夫婦で1600万円以下）
第3段階①	・世帯全員が市町村民税非課税かつ本人年金収入等120万円以下	単身で550万円以下 （夫婦で1600万円以下）
第3段階②	・世帯全員が市町村民税非課税かつ本人年金収入等120万円超	単身で500万円以下 （夫婦で1600万円以下）
第4段階 （給付対象外）	・世帯に課税者がいる ・本人が市町村民税課税	──

②特定入所者介護サービス費の給付額

　特定入所者介護サービスの給付額は、基準費用額（施設における居

住費・食費の平均的な費用を勘案して厚生労働大臣が定める額）から、負担限度額（低所得者の所得の状況等を勘案して厚生労働大臣が定める額）を控除した額となります。

施設において設定している居住費・食費が基準費用額を下回る場合は、当該額と負担限度額の差額が給付額となります。また、施設が負担限度額を超えて、低所得者から負担を徴収した場合は、補足給付の対象となりません。

③低所得者の居住費の負担限度額

低所得者の居住費の負担限度額は次の表のとおりです。

図表9-9 ●低所得者の居住費の負担限度額

利用者負担段階	居住費			
	ユニット型個室	ユニット型個室的多床室	従来型個室	多床室
第1段階	820円	490円	490円（320円）	0円
第2段階	820円	490円	490円（420円）	370円
第3段階①	1,310円	1,310円	1,310円（820円）	370円
第3段階②	1,310円	1,310円	1,310円（820円）	370円
基準費用額	2,006円	1,668円	1,668円（1,171円）	377円（855円）

※1日当たり
※（　）は介護老人福祉施設と短期入所生活介護を利用した場合

④低所得者の食費の負担限度額

低所得者の負担の上限は、施設サービス利用の場合

・利用者負担第1段階　　1日負担300円（月額約1万円）
・利用者負担第2段階　　1日負担390円（月額約1万2,000円）
・利用者負担第3段階①　1日負担650円（月額約2万円）
・利用者負担第3段階②　1日負担1,360円（月額約4万1,000円）

となります。

なお食費の基準費用額は、1日1,445円（月額約4万4,000円）です。

問題 1 介護保険サービスの居宅サービスを
列挙せよ。

問題 2 介護保険サービスの地域密着型サービスを
列挙せよ。

解答
1

①**訪問介護**

②**訪問入浴介護**

③**訪問看護**

④**訪問リハビリテーション**

⑤**居宅療養管理指導**

⑥**通所介護（デイサービス）**

⑦**通所リハビリテーション**

⑧**短期入所生活介護（ショートステイ）**

⑨**短期入所療養介護**

⑩**特定施設入居者生活介護**

⑪**福祉用具貸与**

⑫**特定福祉用具販売**

解答
2

①**定期巡回・随時対応型訪問介護看護**

②**夜間対応型訪問介護**

③**地域密着型通所介護**

④**認知症対応型通所介護**

⑤**小規模多機能型居宅介護**

⑥**認知症対応型共同生活介護（グループホーム）**

⑦**地域密着型特定施設入居者生活介護**

⑧**地域密着型介護老人福祉施設入所者生活介護**

⑨**看護小規模多機能型居宅介護（複合型サービス）**

第 **10** 章
日本の介護福祉政策の課題

序　日本の介護福祉政策の課題

　介護保険制度は、国民の間に定着し、高い評価を得ています。しかし、65歳以上の高齢者数は、2025年には3,677万人（全人口の30.0％）となり、2040年には3,921万人（全人口の35.3％）を超えると予想されています。また、介護を必要とする可能性が高まる75歳以上高齢者の全人口に占める割合は2025年に17.8％に達し、その後増加率は落ちついていきますが、2055年には25％を超える見込みです（**図表10-1、10-2**）。また、超高齢化の進行に伴い、高齢者の世帯形態の変化が進み、認知症高齢者の増加が見込まれています（**図表10-4、10-5**）。

　とりわけこれまで高齢化の進展がゆるやかで、介護サービス基盤の整備が遅れていた首都圏においては、高齢化が急速に進み高齢者人口が急増（**図表10-6**）することから、これらの地域における介護問題の深刻化が懸念されています。

　もともと高齢化の進んだ地域でも、緩やかに高齢者人口は増加しますが、各地域の高齢化の状況や生活の姿が異なっているので、各地域の特性に応じた対応が必要となってきます。

　厳しい経済財政状況にも対応できる持続可能性を高めた介護保険制度へ向けた不断の制度見直しが欠かせません。また、介護サービスの質の向上と適切な利用の管理、介護サービス従業者の確保と定着などサービス実施過程において生ずる諸問題に対し適切に対応していく必要もあります。

　今後の介護保険制度に関連し政策的に取り組む必要のある課題、検討の視点の主なものとしては、次のようなことが挙げられます。

図表10-1 ●我が国の人口の推移と見通し

○日本の人口のピークは2004年の3,873万人。
○日本の人口は減少局面に入り、2065年には総人口が9,000万人を割り込み、高齢化率は38%台の水準となる見通し。
○高齢者人口は2025年に向けて急増、その後2040年まで微増、2040年以降は微減。生産年齢人口は継続的に減少。

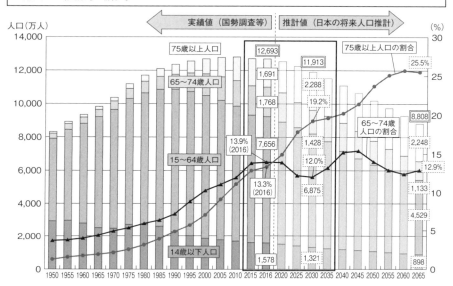

図表10-2 ● 65・75歳以上高齢者人口（割合）

	2012年8月	2015年	2020年	2025年	2055年
65歳以上高齢者人口（割合）	3,058万人（24.0%）	3,387万人（26.6%）	3,619万人（28.9%）	3,677万人（30.0%）	3,704万人（38.0%）
75歳以上高齢者人口（割合）	1,511万人（11.8%）	1,632万人（12.8%）	1,872万人（14.9%）	2,180万人（17.8%）	2,446万人（25.1%）

①介護保険の財政運営の安定確保

　・給付費増加に対応した保険料の引上げ

　・社会保障目的税である消費税率（現行10%）の更なる引上げによる公費財源の確保

　・介護サービス利用者の一部負担のあり方の見直し

②第1号被保険者（現行40歳以上65歳未満の者）の範囲の見直し

③受給者の範囲の見直し（とくに65歳未満の若年障害者・児に対する給付の扱い）

④介護療養型病床の廃止に伴う介護保険施設体系の見直し（とくに老

人保健施設の長期入所者、介護医療院をめぐる問題）

⑤在宅介護サービスのあり方、地域包括ケアの普及とケアの質の向上

⑥介護人材の養成確保と定着

⑦介護支援専門員（ケアマネジャー）の中立性の確保と適切なケアプランの策定

⑧認知症対策の拡充

図表10-3 ●年齢別の人口増減率の推移

図表10-4 ●認知症高齢者人口の将来推計

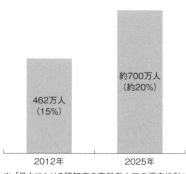

※「日本における認知症の高齢者人口の将来推計に関する研究」（平成26年度厚生労働科学研究費）（括弧内は62歳以上人口対比）

図表10-5 ●世帯主が65歳以上の単独世帯及び夫婦のみの世帯数の推計

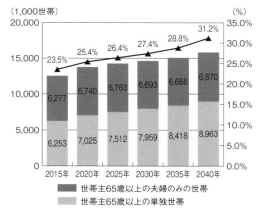

国立社会保障・人口問題研究所「日本の世帯数の将来推計（全国推計）（平成30（2018）年1月推計）」より作成

図表10-6 ● 主要都府県の75歳以上高齢者人口の推移

※都道府県名欄の（ ）内の数字は増加率の順位

	2015年〈 〉は割合	2025年〈 〉は割合（ ）は倍率
埼玉県（1）	77.3万人〈10.6%〉	120.9万人〈16.8%〉（1.56倍）
千葉県（2）	70.7万人〈11.4%〉	107.2万人〈17.5%〉（1.52倍）
神奈川県（3）	99.3万人〈10.9%〉	146.7万人〈16.2%〉（1.48倍）
愛知県（4）	80.8万人〈10.8%〉	116.9万人〈15.7%〉（1.45倍）
大阪府（5）	105.0万人〈11.9%〉	150.7万人〈17.7%〉（1.44倍）
〜		
東京都（17）	146.9万人〈10.9%〉	194.6万人〈14.1%〉（1.33倍）
〜		
鹿児島県（45）	26.5万人〈16.1%〉	29.5万人〈19.5%〉（1.11倍）
秋田県（46）	18.9万人〈18.4%〉	20.9万人〈23.6%〉（1.11倍）
山形県（47）	19.0万人〈16.9%〉	21.0万人〈20.6%〉（1.10倍）
全国	1632.2万人〈12.8%〉	2180.0万人〈17.8%〉（1.34倍）

国立社会保障・人口問題研究所「日本の地域別将来推計人口（平成30（2018）年3月推計）」より作成

　社会情勢の変化が進む中、第8期介護保険事業計画（2021年度〜2023年度）の全国集計によると、第1号被保険者数は2023年度3,610万人（2020年度3,573万人）、第1号被保険者の要介護（要支援）認定者数は2023年度715万人（2020年度667万人）に、また、第1号被保険者数に対する要介護（要支援）認定者数の割合も2023年度19.8%（2020年度は18.7%）へとさらに増加していき、2040年度にはそれぞれ、3,828万人、872万人、22.8%へと大きく増大していきます（**図表10－7**）。

　こうした動向と将来予測に基づいた的確な施策が望まれます。

図表10-7 ● 8期介護保険事業計画等の全国集計（概要）

※太枠は第8期介護
保険事業計画期間

○第1号被保険者数

令和2 （2020）年度	令和3 （2021）年度	令和4 （2022）年度	令和5 （2023）年度	令和7 （2025）年度	令和22 （2040）年度
3,573万人	3,590万人	3,600万人	3,610万人	3,626万人	3,828万人

○第1号被保険者の要介護（要支援）認定者数

令和2 （2020）年度	令和3 （2021）年度	令和4 （2022）年度	令和5 （2023）年度	令和7 （2025）年度	令和22 （2040）年度
667万人	680万人	698万人	715万人	745万人	872万人

○第1号被保険者に対する要介護（要支援）認定者数の割合

令和2 （2020）年度	令和3 （2021）年度	令和4 （2022）年度	令和5 （2023）年度	令和7 （2025）年度	令和22 （2040）年度
18.7%	18.9%	19.4%	19.8%	20.5%	22.8%

※1）2020年度の数値は、介護保険事業状況報告（令和2年12月月報）における令和2年12月末時点の数値である。
※2）2021年度〜2023年度、2025年度、2040年度の数値は、第8期介護保険事業計画について集計した数値である。

介護保険の財政運営の安定確保

　第1は、介護保険制度の将来にわたる持続性を確保し、国民の安心感を醸成することが重要です。そのために受益と負担の均衡、必要な保険料と公費財源について国民にきちんと情報開示し、給付内容と負担についての理解を高めることを通じて介護保険の財政運営の安定化を確保していく必要があります。

　介護サービス費の増加に伴う負担の重さが強調されるきらいがありましたが、制度創設当時や現在の世論調査等から安心できるなら必要な負担をしてもよいという国民の意識をみることができます。提供されるサービス内容とその水準を国民に示し、理解・納得を得ていく努力が望まれます。

（1）社会保障と税の一体改革による公費財源の確保と社会保障制度の改革

　社会保障と税の一体改革関連法の成立により消費税は社会保障目的税化され、安定財源の確保が図られることになりました。消費税率は平成26（2014）年4月に8％に引き上げられ、令和元（2020）年10月に10％へ引き上げられました。

　医療、介護、年金については、「社会保険制度」を基本としています。社会保障目的税化された消費税収入は、社会保障の給付費に対する公費負担の財源として保険料負担の増加の緩和や適正化に充てられたり、人口構造・産業構造の変化等に伴って、介護サービスや医療の提供・利用、保険料負担の水準に著しい地域間較差が生じないよう、公平化・安定化のために充てられることが望まれます。

　介護保険制度については、介護サービスの効率化・重点化を図り、保険料負担の増大を抑制しつつ必要な介護サービスを確保する必要が

あります。

　また、医療については、国民皆保険を維持することを基本に、健康増進・疾病予防等の推進により国民負担の増大を抑制しつつ、医療従事者・医療施設の確保、財政基盤の安定化、保険給付の範囲の適正化、患者の尊厳と意思が尊重され人生の最終段階を穏やかに過ごすことができる環境整備を進めることが求められています。

　低所得者や生活困難者に対しては、消費税率引き上げによる増収を財源に必要な補足給付や支援を行うとともに、介護保険制度や高齢者医療制度に対する公費投入を拡大し安定運営の阻害要因を解消することが望まれます。

　消費税の引き上げによる安定税源の確保と安定した社会保障体制の堅持は、内政上の最大の政策課題であるといえます。国民生活の将来に安心感を持つことができれば、消費が拡大して雇用を誘発し経済成長を牽引する基盤となっていくことも期待できます。

（2）医療・介護の将来像

　社会保障・税一体改革大綱（閣議決定2012（平成24）年1月）においては、介護の将来像が次のように示されています。

医療・介護等

1　地域の実情に応じた医療・介護サービスの提供体制の効率化・重点化と機能強化──地域包括ケアシステムの構築
（1）できる限り住み慣れた地域で在宅を基本とした生活の継続を目指す地域包括ケアシステム（医療、介護、予防、住まい、生活支援サービスが連携した要介護者等への包括的な支援）の構築に取り組む。
　〈今後のサービス提供の方向性〉
　i　在宅サービス・居住系サービスの強化
　・切れ目のない在宅サービスにより、居宅生活の限界点を高

　　めるための24時間対応の訪問サービス、小規模多機能型
　　サービスなどを充実させる。
　・サービス付き高齢者住宅を充実させる。
　ii　介護予防・重度化予防
　・要介護状態になる高齢者が減少し、自立した高齢者の社会
　　参加が活発化する介護予防を推進する。
　・生活期のリハビリテーションの充実を図る。
　・ケアマネジメントの機能強化を図る。
　iii　医療と介護の連携の強化
　・在宅要介護者に対する医療サービスを確保する。
　・他制度、多職種のチームケアを推進する。
　・小規模多機能型サービスと訪問看護の複合型サービスを提供
　　する。
　・退院時・入院時の連携強化や地域における必要な医療サー
　　ビスを提供する。
　iv　認知症対応の推進
　・認知症に対応するケアモデルの構築や地域密着型サービス
　　の強化を図る。
　・市民後見人の育成など権利擁護の推進を図る。
（2）診療報酬・介護報酬改定、補助金等予算措置等により、以下
　についても、取組を推進する。
　　・外来受診の適正化等（生活習慣病予防等）
　　・ICTの活用による重複受診・重複検査、過剰な薬剤投与等
　　　の削減
　　・介護予防・重度化予防
　　・介護施設の重点化（在宅への移行）
　　・施設のユニット化
　　・マンパワー増強

2　保険者機能の強化を通じた医療・介護保険制度のセーフティ
　ネット機能の強化・給付の重点化、低所得者対策

（1）介護1号保険料の低所得者保険料軽減強化

　　○今後の高齢化の進行に伴う保険料水準の上昇や消費税引き上
　　　げに伴う低所得者対策強化の観点を踏まえ、公費を投入する
　　　ことにより、65歳以上の加入者の保険料（1号保険料）の低
　　　所得者軽減を強化する。

（2）介護納付金の総報酬割導入等

　　○今後の急速な高齢化の進行に伴って増加する介護費用を公平
　　　に負担する観点から、介護納付金の負担を医療保険者の総報
　　　酬に応じた按分方法とすること（総報酬割の導入）を検討す
　　　る。

　　（注）現行は、介護納付金は各医療保険の40～64歳の加入
　　　　　者数に応じて按分されている。

　　また、現役世代に負担を求める場合には、負担の公平性など
　　の観点に立ち、一定以上の所得者の利用者負担の在り方など給
　　付の重点化についても検討する。

（3）その他の介護保険の対応

　　○軽度者に対する機能訓練等重度化予防に効果のある給付への
　　　重点化の観点から、平成24年度介護報酬改定において対応
　　　する。

　　○第6期の介護保険事業計画（平成27年度～平成29年度）の
　　　施行も念頭に、介護保険制度の給付の重点化・効率化ととも
　　　に、予防給付の内容・方法の見直し、自立支援型のケアマネ
　　　ジメントの実現に向けた制度的対応を検討する。

　この介護の将来像に沿って、政府により、介護保険制度の改革、介
護報酬の見直し等が進められてきました（第3章参照）。

　介護サービスについては、住みなれた地域で自分らしい暮らしを人
生の最後まで続けられるよう、地域包括ケアシステムの構築（**図表**

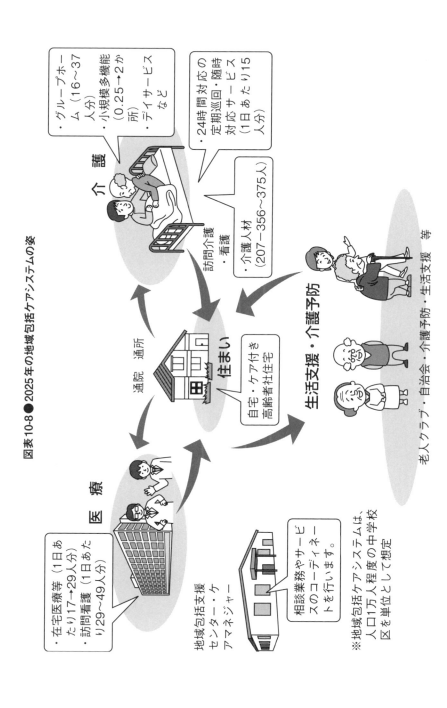

図表10-8 ● 2025年の地域包括ケアシステムの姿

介 護

・グループホーム（16〜37人分）
・小規模多機能（0.25→2か所）
・デイサービス など

・24時間対応の定期巡回・随時対応サービス（1日あたり15人分）

訪問介護・看護
・介護人材（207−356〜375人）

住まい

通院　通所

自宅・ケア付き高齢者住宅

生活支援・介護予防

老人クラブ・自治会・介護予防・生活支援 等

医 療

・在宅医療等（1日あたり17→29人分）
・訪問看護（1日あたり29〜49人分）

地域包括支援センター・ケアマネジャー

相談業務やサービスのコーディネートを行います。

※地域包括ケアシステムは、人口1万人程度の中学校区を単位として想定

※数字は、現状は2011年、目標は2025年のもの（人口1万人の場合）

10-8）を基本に介護予防事業や24時間対応サービスなどの整備が必要となります。

　他方、バブル経済崩壊（平成元（1989）年）以降、我が国の経済は長期にわたって低迷して賃金の伸びも見られない中、将来の社会を支える現役の壮年世代は、子育て・教育費・住宅費などの重い負担に喘いでるとの意見が強く、将来に向けて介護などの社会保障の持続性についての不安感も高くなってきています。さらにまた、令和2（2020）年春から深刻化してきた新型コロナウイルス感染症の大流行（パンデミック）によって日本の社会と経済も大きな被害と影響を受けています。

　そうした社会経済情勢の変化の下、今後、介護保険の保険料の引上げや、消費税率の更なる引き上げ、利用者一部負担の引上げなどの制度面での改革が行われることも予想されます。

2 第1号被保険者の範囲、受給者の範囲

　第2は、第1号被保険者の範囲、受給者の範囲の問題です。現在は40歳以上64歳までの者とされていますが、これを例えば20歳以上または25歳以上に拡大して、現役世代や高齢者の一人当たりの保険料を引き下げるとともに、第2号被保険者への給付のあり方（例えば、加齢に伴って増加する現行の16の特定疾病による要介護状態に限定）について見直すことも考えられます。

　介護保険の被保険者の範囲については、制度創設の検討段階から大きな意見の対立がありましたが、40歳以上とすることで発足し、施行後5年を目途に検討することとされた経緯がありました。

　制度発足5年後の平成17（2005）年の介護保険法見直しの際にも結論が得られずに先送りされましたが、その際「政府は、介護保険制度の被保険者及び保険給付を受けられる者の範囲について、社会保障制度全般についての一体的な見直しと併せて検討を行い、その結果に基づいて、平成21年度を目途として所要の措置を講ずる」こととされています（平成17年改正法附則第2条）。

　さらに、厚生労働省の「介護保険制度の被保険者・受給者範囲に関する有識者会議」は、平成19（2007）年5月21日に、次のように中間報告しています。

　○　「介護保険制度の被保険者・受給者範囲については、今後の社会保障制度全体（介護保険制度を含む。）の動向を考慮しつつ、将来の拡大を視野に入れ、その見直しを検討していくべきである」というのが、本有識者会議が到達した基本的考え方である。
　また、被保険者・受給者範囲を拡大する場合の考え方としては、

現行の「高齢者の介護保険」の枠組みを維持するという考え方（Ａ類型）と、「介護保険制度の普遍化」を図るという考え方（Ｂ類型）があるが、本有識者会議においては、後者の「介護保険制度の普遍化」の方向性を目指すべきとの意見が多数であった。

○　一方、有識者調査の結果等をみると、障害者自立支援法や改正介護保険法の十分な定着を図る必要があること、介護保険給付の効率化を優先すべきであること、若年者の理解が得られず保険料徴収率が低下する可能性が高いこと、社会保障全体の給付・負担の動向を見極める必要があること等を理由として、将来的にはともかく、現時点においては被保険者・受給者範囲の拡大には慎重であるべきとの意見も依然として強い。また、当事者である障害者団体からも、被保険者・受給者範囲の拡大について、「介護保険制度の普遍化」の意味を含め、十分な理解が得られていない状況にある。

○　したがって、平成17年の改正介護保険法附則の規定も念頭に置いて制度設計の具体化に向けた検討作業を継続しつつ、当面、介護保険の被保険者・受給者範囲拡大に関する国民的合意形成に向けた取組に努める必要がある。

○　いずれにせよ、いわゆる「制度の谷間」を含む現行制度の問題点について実態の把握に努めるとともに、介護保険の給付と負担に関する将来見通しや「介護保険制度の普遍化」の意味等について分かり易い資料を作成すること、直接語りかけ説明する機会をできるだけ多く設定すること等に留意すべきである。

○　上記のような取組と併せて、年齢に関係のない長期継続的な相談・支援を可能とするとともに、サービスの選択肢を拡大しアクセスを改善するため、高齢者と障害者のサービスの相互利用や相談窓口の一本化について、その推進を図るための具体的な措置をできるだけ早い時期に講ずるべきである。

介護保険制度の被保険者・受給者の範囲や要件について見直す場合

においては、障害者総合支援法（障害者の日常生活及び社会生活を総合的に支援するための法律。障害者自立支援法を全面改正し平成25（2013）年4月施行）との適用関係の調整が大きな課題となります。とくに、被保険者・受給者の範囲を拡大し若年障害者を給付対象者とする場合には、サービスの給付内容と給付水準、サービス利用時の一部負担のあり方（応益負担あるいは応能負担とするか）などが問題となります。

　若年障害者の場合には、高齢者と同じ給付内容の設定でよいのかということもありますし、障害者の社会参加を支援するサービスなど多様なものも必要となるでしょう。例えば聴覚障害者や視覚障害者に対するガイドヘルパーや盲導犬、聴導犬の提供等がそれにあたります。また、18歳未満の障害児についても適用するとした場合には心身の機能の向上、成長発達を支援する要素を取り入れたり、教育面などのサービスも必要となり、児童福祉法との調整も必要となります。

　平成25（2013）年に施行された障害者総合支援法では、利用者負担は応能負担とされていますから、サービス利用額に対して定率負担の仕組みをとる介護保険の応益負担との関連整理も難しい問題となります。

　被保険者の範囲を40歳以上から引き下げるとした場合には、(30歳、25歳以上あるいは20歳以上などのように) 何歳からとするのか、あるいはドイツの介護保険のように (年齢によらず) 医療保険の加入者を適用対象とするか、という論点もあります。その場合 (被保険者を拡大した場合) であっても、例えば被保険者ではない被扶養の若年児童の給付はどうするのかといった論点も出てきます。

　若年障害者を介護保険の対象とする場合には、要介護認定の方法も大きく変わることになるでしょう。若年障害者の障害程度の判定を専門的人材などが乏しい市町村の介護認定審査会で適切に判定できるのか、都道府県直轄の児童相談所、知的障害者更生相談所などとの関係をどうするのか、という問題も出てきます。

　高齢者と若年障害者の障害の態様によっては、認定の体制、要介護

（要支援）の必要度の認定、給付額の水準と内容、サービスの給付管理などについて、十分な実態把握と慎重な検討が不可欠となります。

　介護保険の対象年齢を引き下げるとした場合には、身体介護や生活援助サービス部分を介護保険の対象とし、それ以外の社会参加関係や就労支援関係（授産施設等）については、公費で賄うことも考えられます。いずれにしても若年障害者を介護保険の対象とする場合には、現に障害者総合支援に基づいて各種サービスを受けている若年の若年障害者自身の理解と納得が不可欠であり、また、保険料負担が増加する現世代役層、経済界（事業主）の合意を得ることが前提になります。

3 介護保険施設の体系の見直し

（1）介護保険3施設の見直し

　第3は、介護保険施設体系の見直しに関する問題です。介護保険法の施行当初、施設入所サービス給付の対象施設は、「介護老人福祉施設」（以下、特養）、「介護老人保健施設」（以下、老健施設）、「介護療養型医療施設」（以下、療養病床）という3種類でした。これらの介護保険施設は、高齢者の福祉・医療・保健をめぐる関連制度の運営状況、各地域の様々な社会情勢を反映してきた歴史と実態がありました。

　これら3施設には、それぞれ別個の根拠法と設置主体が定められています。また、特養の施設整備には国庫補助金制度があり、社会福祉法人と医療法人とでは事業税や固定資産税などの税制面でも大きな差異がありましたから、介護保険創設論議の当時、短期間に介護保険施設の「一元化」を実現するのは困難でした。3つの施設類型を一元化して介護報酬を設定するとしたら、そうした問題がきちんと整理されないと適切な対応ができません。各施設間や地域間の整備状況の較差等による利害・得失の問題もあり、短期間に合意を得られる目途が立たないため、従前の3つの施設類型を前提とした制度設計に踏み切らざるを得なかった経緯がありました。

　しかしその後、施設整備費補助金制度が見直され、食費やホテルコストも基本的に自己負担の方向で整理されましたし、施設類型間の不合理な差異は徐々に縮まってきています。また、「介護保険施設」としては位置づけられていない「サ高住」（サービス付き高齢者向け住宅、「特定施設」（特定施設入居者生活介護の指定を受けた有料老人ホーム・軽費老人ホーム等）なども急速に施設数が増加してきています。施設数が増え利用者にとっても自らのニーズに見合った施設が選択で

きることは歓迎されますが、反面、真にニーズに見合ったものであるのか、判断と選択に困ることになってはいないか、難しい問題です。改めて利用者の立場に立った入所施設のあり方についての議論を必要となってきています。

　令和3（2021）年4月の介護保険施設の入所者（サービス受給者数）は95.5万人（特養55.7万人、老健施設35.0万人、療養病床1.6万人、介護医療院3.4万人）となっています。

（2）利用者の視点に立った介護保険施設のあり方

　介護保険制度は、高齢者の自立支援という理念の下で医療サービス・福祉サービスを一体的・包括的に提供していこうと立法されました。

　そうした視点を重視すると、理念的な施設類型に沿って介護報酬が支払われるのではなく、利用者の視点に立ってサービス提供体制を考え、実際に提供しているサービスの内容と質、すなわち現実に果たしている機能・実態に応じて支払われる、そういう方向が望ましいという考え方もあります。

　要介護高齢者の多くは生活支援などの福祉サービスに加えて医療も同時に必要としています。介護や医療の必要な程度や状態に応じて施設間を移動するというのではなく、施設側が地域や利用者のニーズに応じてサービス機能を変化させ対応するという考え方です。施設経営の効率や安定性の面からは問題もありますが、1つの方策といえるでしょう。

　それぞれの施設類型ごとの本来機能を固定するということではなく、例えば医療サービス提供体制の要件を満たしているなら「保険医療機関」の指定を行い、本来は老健施設あるいは特養という類型に属する施設でも、利用者、例えば後期高齢者の心身状態に応じて行われた妥当適切な医療に対して所定の診療報酬が支払われるといった、いわゆる「二重指定」について検討がなされてもよいでしょう。

　高齢者ケアの拠点には3つの機能が求められます。第1に、生活の場、

住まいの提供という、入所の機能です。そこでは生活を支える介護が行われ、特養はこれに該当します。第2は、通所リハビリのように通所系サービスで在宅を支える機能で、第3は、訪問介護・訪問看護・訪問リハビリといった訪問系サービスの拠点としての機能です。

　地域の規模やニーズによって、いずれか1つのサービスを提供する拠点も必要となりますが、利用者の利便性や安心感、サービスの質の維持と継続性の観点からは包括的にサービス提供を行い得る事業体が望ましいとも考えられます。地域に密着した「小規模多機能施設」は、このような観点から制度化されたといえます。ただし、適切な運営の確保の観点から高コストになるおそれも強いといった懸念や意見もみられます。

（3）介護老人保健施設のあり方

　介護老人保健施設（老健）は、単なる生活の場ではなく、リハビリ等を行って早期の在宅復帰を支援することを本来の役割とする入所施設です。

　介護老人保健施設はこの20年余りの間に整備が進み、令和2（2020）年4月には4274施設、定員数約36万人、利用者数約35万人になりました。地域による整備状況のばらつきも大きく、平均入所期間が10カ月超と長期化して、家庭復帰率は3割程度と低く、一部では特養の代替施設となっている実態も指摘されるようになりました。老健施設に期待された在宅復帰という本来機能から外れてきており、老健施設入所が長期化してくると「看取り」が大きな問題となってきます。年間160万人死亡という時代の到来を目前に、老健施設における入所期間の長期化と看取りの問題を考えると、ユニット化を進め居住環境を改善する必要性も高くなります。

　老人保健施設は、リハビリや看護の専門職も充実してきており入所施設・通所施設としての機能を果たしつつあります。これに加えて訪問系のサービスを強化し、これらの3つの機能を同時に担って地域における包括的なケアサービスの拠点になっていくことが期待されま

す。

　今後、老健施設は入所者のための医療機能の強化を図るとともに、通所系サービス機能の充実と併せて、さらに退所者向けのアフターケア・ステーションともいうべき施設を設けて訪問系の看護・リハビリ・介護の専門職をそろえて多機能化していくことも考えられます。そうすると老健施設は、入所者だけではなく居宅の要介護高齢者についてもケアプランを作成し適切な管理を行うといったセンター的役割を果たすことも期待されることになるでしょう。

　さらに地域の在宅療養支援診療所・訪問介護事業所・訪問看護ステーション・訪問リハビリテーションなどとの連携の強化・充実も、特に重要となってきます。こうした機能面の展開に対応して、介護報酬面での評価が適切に行われることによって、介護保険サービス体系の実質的な一元化、効率的で安定的なサービス提供の姿がみえてくると考えられますので、そうした方向での今後の十分な論議を期待したいものです。

（4）介護老人福祉施設

　介護老人福祉施設（特養）は、本来、中重度の要介護状態にある高齢者が集合して生活する住まいであって、介護サービスの体制が整っている施設と位置づけられます。

　特養であっても、医師が常勤で配置され、看護職員やリハビリ専門職が充足していれば、老健や療養病床の役割も果たす入所施設として位置づける考え方もあってもよいでしょう。

　また、在宅療養支援診療所の医師等との連携体制を強化し、ホスピス的な機能、看取り機能を高めていくことも一つの方向性でしょう。重度・重篤な状態にある要介護高齢者が死期が近づいた段階で転院・転所を余儀なくされる事態はできるだけ解消されることが望ましいからです。サービス提供に当たる特養サイドからの柔軟な対応に加えて、介護保険施設の類型の見直しや介護報酬面での対応など、制度的な検討も必要となってきます。

　なお、特養整備の立ち遅れている大都市などでは、入所待機者の早期解消、低所得者の入所への配慮、施設立地場所の制約、施設整備、コストの抑制といった観点から、「4人室の特養」新設を進めているところも出てきています。プライバシーの保護、利用者の尊厳の尊重の観点から、低所得層の利用料軽減のため公費による助成拡大を行い、ユニットケア型の新型特養の原則を維持することが望ましいものと考えられます。

（5）介護療養型医療施設と介護医療院

　平成18（2006）年4月、療養病床のあり方について見直しが行われ、介護型療養病床は平成24（2012）年に廃止、医療型療養病床については真に医療の必要な人に限定されることとなりました。当時あった約38万床の療養病床の3分の2は廃止されることになり、老人保健施設や有料老人ホーム、特別養護老人ホーム、ケアハウス、グループホームなどの居住系施設への転換が求められることとなりました

　当時、経済財政諮問会議や財務省などは医療費の「総枠管理」による抑制策を強く主張しましたが、与党や厚生労働省は、医療費適正化対策の効果的な方策として社会的入院の温床である療養病床数を削減し、医療費を抑制することで対応すること主張し、その方向で対応することとされたのです。

　療養病床の老人保健施設への転換、特養の増設などが進められましたが、療養病床入院中の要介護高齢者の受け入れ態勢が遅れていることなどから廃止期限が延期され、平成30（2018）年3月に、（更に令和6（2024）年3月に延期されて）廃止されることにしました。平成30年4月に、長期的な医療と介護のニーズを併せもつ高齢者を対象とし「日常的な医学管理」と「看取りやターミナルケア」等の医療機能と「生活施設」としての機能とを兼ね備えた施設として「介護医療院」が創設されました。令和3（2021）年4月時点の介護医療院の入院者は3.4万人と順次利用者が増加してきています。

　しかし、「医療型療養病床」の増加傾向も見られるなど、本来の政

策意図とは異なる傾向も見受けられます。また、入院の適正管理、高齢患者の自立支援といった観点からは、医療療養病床に関しても入院の適正化の観点から、保険者の何らかの関与、ケアマネジメントの実施といったことを検討することが望ましいとの指摘もみられます。

（6）サービス付き高齢者住宅（サ高住）

「サ高住」は平成23（2011）年に法制化され、現在、全国に約7,800施設、約27万人が暮らしており、居住費は全国平均で月額10.5万円で、併設する自社のデイーサービスに通わせたり、ホームヘルパーを派遣するなどして介護保険で利益をあげるビジネスモデルとなっており、介護給付費の増大、介護保険料の上昇、利用者の自立を妨げる介護サービスの過剰提供につながるおそれも強いと指摘されています。

「サ高住」の入居者に対して、過剰な介護サービスを使わせて利益をあげる「囲い込み」と呼ばれる不適切な企業の事業のあり方が社会的問題となってきています。所管する都道府県庁の4割が囲い込みを把握していたにもかかわらず、立ち入り調査が適切に実施されていない実態が明らかになっています（読売新聞調査2021年10月）。

「サ高住」は部屋面積、職員による安否確認などの要件を満たすと都道府県庁に登録され、設置事業者に対し1戸あたり90万〜180万円の設備費補助、固定資産税減免などの支援が受けられます。

4 在宅における介護・医療サービス

（1）かかりつけ医と地域包括ケアシステム

　高齢者の介護と医療の今後の方向を考えると、「かかりつけ医」の役割が大きくなってきますが、その際、在宅療養支援診療所と介護保険における主治の医師との関係整理も必要となってくることでしょう。

　住民にとって最も身近で、何かあれば相談できる「かかりつけ医」を中心に在宅医療の推進が求められ、医療の必要に応じて、いつでも身近なところに入院できる病院等があることが大事です。高齢者の尊厳の保持と自立支援の目的で自宅や居住系施設、介護保険施設など、どこにいても適切に医療と介護が確保できるように、各地域の特性に応じ、住まい・医療・介護・生活支援を一体的に提供できる「地域包括ケアシステム」を確立し、在宅で看取りに至るまで対応することができる在宅介護サービス体制の拡充が必要です。

　都道府県は「医療介護総合確保推進法」により、「2次医療圏」単位で病床の機能分化を進めるため医療需要と病床の必要量を定めた「地域医療構想」を策定し、「地域医療計画」と「介護基盤整備計画」を策定しています。

（2）定期巡回・随時訪問サービス

　在宅生活の継続と利用者の安心の向上に寄与することができるようケアプランに基づく夜間および日中における定期巡回サービスと随時訪問サービスの体制整備を急ぐ必要があります。

（3）看護小規模多機能型居宅介護

　看護小規模多機能型居宅介護（複合型サービス）は、退院直後の在

宅生活へのスムーズな移行、がん末期等の看取り期、病状不安定期における在宅生活の継続、家族に対するレスパイトケア、相談対応による負担軽減など、ニーズの高い高齢者を支援することを目的として平成24（2012）年に創設されました。令和3（2021）年3月には全国で719の事業所が開設されていますが、今後一層の普及が期待されます。

（4）地域リハビリ体制とリハビリステーション

　地域および介護サービス機関内のリハビリについてもチームケアの視点に立って体制の充実を図ることも課題となります。このためには、かかりつけの医師とリハビリスタッフ・介護スタッフとの連携の下で、医師の適切な指示に基づくリハビリの実施、医師への情報提供と内容確認、関連職能・施設等との連携が重要となってきています。そのためにはリハビリ専門職の専門性の向上、生涯研修体制も重要です。

　また、「独立型訪問リハビリステーション」の創設も課題となるでしょう。利用者の視点、効率的な地域サービス機能という観点からは、看護職との調整を図り、訪問看護と訪問リハとを一体化した相互乗り入れ型の「総合ケアステーション」といった形での制度化も望まれます。全身状態の適切な把握、個別的な対応の観点に立ったリハビリを重視し、現在のような心血管、脳血管疾患、運動器、呼吸器等といった臓器別のリハビリ報酬の算定についても見直しが課題となります。

　また、在宅介護サービスにおける安全管理対策を徹底し、患者家族への説明体制の整備や情報の適切な管理と活用も重要な課題となっています。

（5）アセスメント

　在宅の要介護高齢者に「必要なときに必要なサービスを」提供するためには、ニーズを的確に把握するためのアセスメントの方法と体制の整備が不可欠です。そのためには一人ひとりの24時間の生活リズムと必要な介護サービスを的確に評価する新たなアセスメント手法の開発が必要となってきます。こうした観点から、短期間、特別養護老

図表 10-9 ●看護小規模多機能型居宅介護の概要

出典：厚生労働省資料

登録利用者への看護小規模多機能型居宅介護の提供

看護小規模多機能型居宅介護事業所

医療ニーズの高い利用者の状況に応じたサービスの組み合わせにより、地域における多様な療養支援を行う

○登録定員：29名以下（通い定員18名以下・宿泊定員9名以下）
○主な人員：常勤換算2.5以上の看護職員（うち常勤保健師又は看護師1以上）、等従の介護支援専門員、その他職員

- がん末期の看取り期・病状不安定期における在宅生活の継続支援
- 家族へのレスパイトケア、相談対応による不安の軽減
- 退院直後の在宅療養生活へのスムーズな移行支援

登録利用者以外の地域住民に対しても訪問看護を提供
（指定訪問看護事業所の指定を併せて受けている場合）

登録利用者以外への訪問看護

通い
泊まり

訪問
（看護・介護）

自宅

・地域住民の代表者
・市町村又は地域包括支援センターの職員等

運営推進会議等による連携

入院・休日夜間の対応

・協力医療機関
・バックアップ施設（介護老人福祉施設、病院等）

・協力歯科医療機関
・バックアップ施設（介護老人保健施設、病院等）

密接な連携
訪問看護指示

・主治医

図表10-10 ● 在宅医療・介護の連携推進の方向性

○ 疾病を抱えても、自宅等の住み慣れた生活の場で療養し、自分らしい生活を続けられるためには、地域における医療・介護の関係機関（※）が連携して、包括的かつ継続的な在宅医療・介護の提供を行うことが必要である。

（※）在宅療養を支える関係機関の例

・地域の医療機関　（定期的な訪問診療の実施）
・在宅療養支援病院・診療所（有床）（急変時に一時的に入院の受け入れの実施）
・訪問看護事業所　（医療機関と連携し、服薬管理や点眼、褥瘡の予防、浣腸等の看護ケアの実施）
・介護サービス事業所　（入浴、排せつ、食事等の介護の実施）

○ このため、関係機関が連携し、多職種協働により在宅医療・介護を一体的に提供できる体制を構築するため、市町村が中心となって、地域の医師会等と緊密に連携しながら、地域の関係機関の連携体制の構築を図る。

（イメージ）

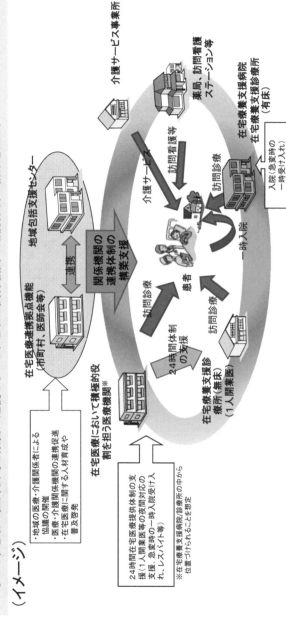

人ホーム等に入所し、医師・理学療法士・介護福祉士・看護師などの
アセスメントチームによる新たな手法の有効性が注目されるように
なってきました。

5 介護人材の養成・確保・定着

　ゴールドプラン（1990年）および新ゴールドプラン（1995年）の策定、介護保険法施行（2000年）等に伴い、介護サービス基盤は急速に整備されてきました。介護従業者数（直接処遇職員、医師、看護師、ケアマネジャー、事務職員。非常勤職員を含む）は、2000年の102.6万人、2003年152.2万人、2008年218.2万人へと大幅に増えました。

　2018年の医療福祉分野の就業者数は823万人（全就業者数6,680万人の12.3％）ですが、2025年に930万人程度（同6,350万人程度15％程度）、2040年には1,060万人程度（同5,650万人程度。19％程度）へと推移すると推計されています。これは、この間、健康寿命が男女とも3年以上延伸して75歳以上に、また、医療・福祉サービスについて「生産性の向上」「AIやロボットの活用」などが進み、単位時間当たりのサービス提供が5％（医師については7％）以上改善されることを見込んでの推計であり、また、併せて多様な就労・社会参加が進んでいくことを織り込んだ推計となっています。

　今後、介護予防・健康増進対策が予期されたように進み、医療・介護需要が一定程度低下した改革後の場合には、2040年の就業者数は2040年に926万人〜963万人程度に抑えることができるものと見込まれています。

　このうち介護職員についてみると、2000年54.9万人、2008年123.0万人、2016年183.3万人、2017年186.8万人、2019年は211.0万人となっています。訪問介護員は、1990年3.6万人、1995年9.6万人、2000年18.0万人、2008年37.1万人、2013年48.0万人、2016年51.4万人、2017年50.8万人ですから、この間の増加がいか

に著しかったかが分かります。

　訪問介護員は非常勤職員が、訪問介護員以外では常勤職員が主体と
なっています。また、「離職率」は、訪問介護員では常勤職員、訪問
介護員以外では非常勤職員に高い傾向がみられます（**図表10-11**）。

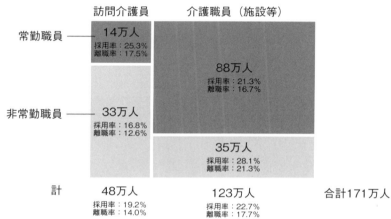

図表10-11 ●介護職員の構造と採用・離職率（平成25（2013）年）

注）従業者数は、厚生労働省「平成25年介護サービス施設・事業所調査」による。
注）介護職員（施設等）：訪問介護以外の指定事業所で働く者。訪問介護員：訪問介護事業所で働く者。
注）採用率、離職率は、介護労働安定センター「平成25年度介護労働実態調査」において、正規職員
　　と非正規職員のうちの常勤労働者を合わせたものを常勤職員として、非正規職員のうち、短時間
　　労働者を非常勤職員として計算。

　政府の推計によると介護人材は2023年度約233万人、2025年度
約243万人、2040年度には約280万人が必要と見込まれ、2019年
度の約211万人から2040年度までの間に約69万人増と毎年3.3万人
ずつ増加させる必要があることになります。少子化で毎年出生数が低
下していきている中で今後サービス基盤の急速な整備に伴い、サービ
スの質の維持向上・直接処遇職員の確保と定着・そのために必要な処
遇条件の改善・キャリアパス・専門性の確立、事業者に対する適切な
指導監督などが課題となってきています（**図表10-12**）。

図表10-12 ●有効求人倍率（介護関係職種）と失業率【平成17年度〜平成30年度／年度別】

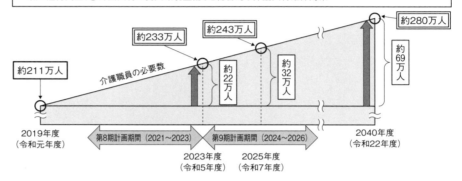

○ 第8期介護保険事業計画の介護サービス見込み量等に基づき、都道府県が推計した介護職員の必要数
　・2023年度には約233万人（＋約22万人（5.5万人／年））
　・2025年度には約243万人（＋約32万人（5.3万人／年））
　・2040年度には約280万人（＋約69万人（3.3万人／年））
　　　　　　　※（）内は2019年度（211万人）比
　課題　①介護職員の処遇改善、②多様な人材の確保・育成、③離職防止・定着促進・生産性向上、④介護
　　　　職の魅力向上、⑤外国人材の受入環境整備など総合的な介護人材確保対策

　政府は「新成長戦略」（2010年閣議決定）において、ライフイノベーションによる「健康大国戦略」を掲げ、2020年までに新規市場約50兆円、新規雇用284万人を生み出すこととされました。介護分野は、成長牽引産業として重要な役割を担うことが期待されており、介護・医療・健康関連サービスのネットワーク化による連携、情報通信技術の活用による在宅での生活支援ツールの整備などを進め、地域に暮らす高齢者が自らの希望するサービスを受けることができる社会を構築することが必要となってきます。

　こうしたセーフティネットの充実によって、将来不安が解消されて「貯蓄から消費へ」の拡大が可能となり、介護分野の費用支出が生み出す経済波及効果は公共事業のそれを上回るとの産業連関分析もあり、経済の活性化と成長が実現すると期待されています。

　他方、介護職については肯定的なイメージがある一方で、「夜勤などがあり、きつい仕事」「給与水準が低い仕事」「将来に不安がある仕事」といった一面的な見方が流布されており、人材参入の阻害要因となっているといった指摘もあります。また、介護職員の離職率（**図表10-**

11）は、他産業の平均（15.6％（平成25（2013）年））に比べやや高い水準にあります。

　介護関係職種の有効求人倍率は、依然として全職業より高い水準で推移しており、また、全職種の失業率が低下すると介護関係職種の有効求人倍率が高まる傾向が見られます（**図表10-13**）。

図表10-13 ●有効求人倍率（介護関係職種）と失業率【平成17年度〜平成30年度／年度別】

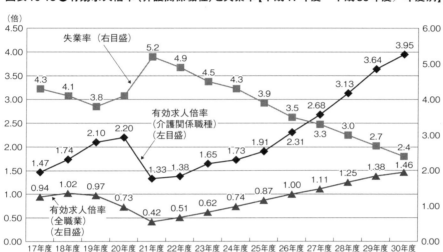

【出典】厚生労働省「職業安定業務統計」、総務省「労働力調査」
（※1）全職業及び介護関係職種の有効求人倍率は、パートタイムを含む常用の原数値。
（※2）常用とは、雇用契約において、雇用期間の定めがない、又は4か月以上の雇用期間が定められているものをいう。

　介護サービス基盤強化を進めるためには、介護サービス分野の人材の処遇を改善し、その確保と定着を図っていく必要があります。介護分野の賃金水準をみると、

　　・介護分野の賃金水準は、産業全体と比較して低い傾向にあること

　　・ホームヘルパーや福祉施設介護員の賃金は、医療福祉分野における他の職種の者と比較して低い傾向にあること

が明らかにされています。

　このため、第8期介護保険事業計画（2021〜2023年）において、**図10-12**のとおり、総合的な介護人材の確保対策が講じられることとされています。

　　・介護職員の給与の引き上げなど、処遇改善・定着促進、就業促進

・多様な介護人材の確保・育成
・介護ロボット・ICTなどテクノロジーの活用、事業所内保育施設整備など離職防止・定着促進対策
・研修の促進・支援などキャリアップのための支援
・外国人の介護人材の受け入れ環境の整備

などを進め、介護人材の確保・定着を図る必要があるとされています。

　このほか、要介護高齢者の住みやすい住宅の供給、わが国のものづくり技術を活用した高齢者用パーソナル・モビリティや介護・医療ロボット等の実用化、介護予防に資する医薬品や機器の開発、アジア等海外市場へ展開などを進めていく必要性が指摘されています。

6 介護支援専門員の資質と ケアの質の向上

　介護支援専門員（ケアマネジャー）の有資格者数は、平成26（2014）年度に累計62万9,600人になり、平成25（2013）年9月には11万9,300人が業務に従事しています。ケアプランが個々の高齢者の心身状態やニーズに応えた適切な信頼感のあるものになるには、サービス事業者からの中立性の確保、担当ケース数の縮減、研修の強化等を進めると共に、ケアプラン作成にあたって主治の医師や理学療法士、介護福祉士等との連携をいっそう強めていく必要があり、一体となってケアプランを策定するようにしていくことが望ましいでしょう。

　なお、介護認定審査会制度を廃止し、ケアマネジャーに要介護度の判定を委ねるべきだとの考え方が一部に見られますが、介護保険は極めて公的性格の強い財源によって運営されていること、恣意的な判断を排除する必要があることから、全国統一ルールに基づく合議制の現行審査システムを維持することが適当であり、制度を維持し、発展させていくうえで不可欠でしょう。

7 認知症対策の拡充

　65歳以上高齢者のうち、認知症高齢者は、2012年462万人（人口比15％）でしたが、。今後、現状のまま推移すると2025年には約700万人（約20％）、2040年953万人（25.4％）、2050年1,154万人（34.3％）、と大幅に増加すると見込まれています。

　認知症高齢者の介護については、通い・泊り・そして定時または随時の訪問という機能をもつ拠点施設である「小規模多機能型居宅介護」が効果をあげるものと期待されていますし、こうした短期間の入所等を通じた24時間の生活リズムの把握を基に多職種協働によるケアプランの策定とケアの提供・管理の強化も必要となってきています。

　認知症の早期発見、「グループホーム」の充実などと共に、家庭や地域における認知症高齢者のケアに関する啓発、ケアワーカー等に対する教育研修等の強化が求められています。

　平成27（2015）年に策定した「オレンジプラン（認知症施策推進総合戦略）を改正し、政府は令和元（2019）年に「認知症施策推進大綱」を閣議決定しました。

　その概要は**図表10-14**のとおりです。

　今後、これらの施策を財源面での対応も含めて着実に推進していくことが求められます。また、認知症の有用性の高い予防薬、治療薬の開発と安価な供給が期待されています。

図表10-14●認知症施策推進大綱（概要）（令和元年6月18日認知症施策推進関係閣僚会議決定）

【基本的考え方】
　認知症の発症を遅らせ、認知症になっても希望を持って日常生活を過ごせる社会を目指し認知症
の人や家族の視点を重視しながら「**共生**」※1と「**予防**」※2を車の両輪として施策を推進
※1「共生」とは、**認知症の人が、尊厳と希望を持って認知症とともに生きる**、また、**認知症があってもなくても同じ社会
でともに生きる**という意味
※2「予防」とは、「認知症にならない」という意味ではなく、「**認知症になるのを遅らせる**」「**認知症になっても進行を緩や
かにする**」という意味

コンセプト

○　**認知症は誰もがなりうるものであり、**家族や身
近な人が認知症になることなども含め、**多くの人
にとって身近なもの**となっている。

○　生活上の困難が生じた場合でも、重症化を予
防しつつ、周囲や地域の理解と協力の下、本
人が希望を持って前を向き、力を活かしていくこと
で極力それを減らし、**住み慣れた地域の中で尊
厳が守られ、自分らしく暮らし続けることができる
社会を目指す。**

○　運動不足の改善、糖尿病や高血圧症等の生
活習慣病の予防、社会参加による社会的孤立
の解消や役割の保持等が、認知症の発症を遅
らせることができる可能性が示唆されていることを
踏まえ、予防に関するエビデンスを収集・普及し、
正しい理解に基づき、**予防を含めた認知症への
「備え」としての取組を促す。結果として70歳代
での発症を10年間で1歳遅らせることを目指す。**
また、認知症の発症や進行の仕組みの解明や
予防法・診断法・治療法等の研究開発を進める。

対象期間：2019（令和元）～2025（令和7）年まで

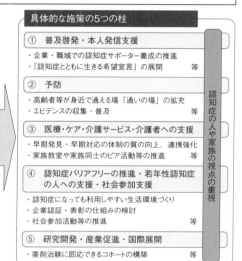

具体的な施策の5つの柱

① **普及啓発・本人発信支援**
・企業・職域での認知症サポーター養成の推進
・「認知症とともに生きる希望宣言」の展開　　等

② **予防**
・高齢者等が身近で通える場「通いの場」の拡充
・エビデンスの収集・普及　　等

③ **医療・ケア・介護サービス・介護者への支援**
・早期発見・早期対応の体制の質の向上、連携強化
・家族教室や家族同士のピア活動等の推進　　等

④ **認知症バリアフリーの推進・若年性認知症
の人への支援・社会参加支援**
・認知症になっても利用しやすい生活環境づくり
・企業認証・表彰の仕組みの検討
・社会参加活動等の推進　　等

⑤ **研究開発・産業促進・国際展開**
・薬剤治験に即応できるコホートの構築　　等

認知症の人や家族の視点の重視

● 参考文献

和田勝『新版・介護保険事業運営の実務　福祉版』全国社会福祉協議会、2000

吉原健二、和田勝『日本医療保険制度史　第三版』東洋経済新報社、2020

和田勝『介護保険制度の政策過程』東洋経済新報社、2007

小松秀樹他『地域包括ケアの課題と未来〜看取り方と看取られ方』ロハスメディア、2015

地域ケアリング2010年7月号「介護保険10年を振り返って」北隆館

山崎史郎他「介護保険制度史」社会保険研究所、2016

厚生労働省『厚生労働白書』(各年版)

厚生労働省ホームページ

和田 勝 (わだ まさる)

国際医療福祉大学大学院客員教授、順天堂大学大学院客員教授

昭和44年、厚生省入省。公害部、環境庁において水俣病問題、悪臭防止法立法等に従事。昭和48年、薬務局企業課・薬事課において、医薬品産業政策、サリドマイド事件、医薬分業問題等に従事。昭和52年、三重県庁福祉部児童老人課長。昭和56年、厚生省大臣官房総務課課長補佐、老人保健法案の国会対策を担当。昭和59年、保険局企画官、健保法大改正に従事。年金局企業年金課長、社会局生活課長、薬務局経済課長、児童家庭局企画課長、保険局企画課長、大臣官房総務課長を歴任。平成6年、医療保険・老人保健担当審議官・高齢者介護対策本部事務局長、介護保険法案国会提出の責任者を務めた。退職後平成10年、帝京平成大学教授等を経て、平成14年、国際医療福祉大学教授、同大学院教授、同国際医療福祉総合研究所長を経て、現在、同大学院及び順天堂大学大学院客員教授。健康保険組合連合会参与、日本理学療法士協会顧問、NPO・あごら理事長、NPO・歯科医療情報推進機構副理事長。

介護福祉経営士テキスト　基礎編Ⅰ-1　第3版

介護福祉政策概論
介護保険制度の概要と課題

2012年 8 月25日　第 1 版第 1 刷発行
2016年11月25日　第 2 版第 1 刷発行
2021年11月12日　第 3 版第 1 刷発行

著　者　和田　勝
監　修　一般社団法人日本介護福祉経営人材教育協会
発行者　林　諄
発行所　株式会社　日本医療企画
　　　　〒104-0032　東京都中央区八丁堀3-20-5　S-GATE八丁堀
　　　　TEL. 03-3553-2861 (代)　http://www.jmp.co.jp
　　　　「介護福祉経営士」専用ページ　http://www.jmp.co.jp/kaigofukushikeiei/
印刷所　大日本印刷株式会社

これからの介護・福祉事業を担う経営"人財"

介護福祉経営士テキスト シリーズ 全21巻

監修

一般社団法人日本介護福祉経営人材教育協会

【基礎編Ⅰ】テキスト（全6巻）

1	**介護福祉政策概論** ――施策の変遷と課題	第3版	和田 勝	国際医療福祉大学大学院教授
2	**介護福祉経営史** ――介護保険サービス誕生の軌跡		増田雅暢	岡山県立大学保健福祉学部教授
3	**介護福祉関連法規** ――その概要と重要ポイント	第3版	長谷憲明	関西国際大学教育学部教授・地域交流総合センター長
4	**介護福祉の仕組み** ――職種とサービス提供形態を理解する	第4版	青木正人	株式会社ウエルビー代表取締役
5	**高齢者介護と介護技術の進歩** ――人、技術、道具、環境の視点から		岡田 史	新潟医療福祉大学社会福祉学部准教授
6	**介護福祉倫理学** ――職業人としての倫理観		小山 隆	同志社大学社会学部教授

【基礎編Ⅱ】テキスト（全4巻）

1	**医療を知る** ――介護福祉人材が学ぶべきこと		神津 仁	特定非営利活動法人全国在宅医療推進協会理事長／医師
2	**介護報酬制度／介護報酬請求事務** ――基礎知識の習得から実践に向けて	第4版	小濱道博	介護事業経営研究会顧問
3	**介護福祉産業論** ――市場競争と参入障壁		結城康博 淑徳大学総合福祉学部准教授	早坂聡久 社会福祉法人柏松会常務理事
4	**多様化する介護福祉サービス** ――利用者視点への立脚と介護保険外サービスの拡充		島津 淳　福田 潤	桜美林大学健康福祉学群専任教授

【実践編Ⅰ】テキスト（全4巻）

1	**介護福祉経営概論** ―― 生き残るための経営戦略	宇野 裕	日本社会事業大学専務理事
2	**介護福祉コミュニケーション** ―― ES、CS向上のための会話・対応術	浅野 睦	株式会社フォーサイツコンサルティング代表取締役社長
3	**事務管理／人事・労務管理** ――求められる意識改革と実践事例	谷田一久	株式会社ホスピタルマネジメント研究所代表
4	**介護福祉財務会計** ――強い経営基盤はお金が生み出す	戸崎泰史	株式会社日本政策金融公庫国民生活事業本部融資部専門調査役

【実践編Ⅱ】テキスト（全7巻）

1	**組織構築・運営** ――良質の介護福祉サービス提供を目指して	廣江 研	社会福祉法人こうほうえん理事長
2	**介護福祉マーケティングと経営戦略** ――エリアとニーズのとらえ方	馬場園 明	九州大学大学院医学研究院医療経営・管理学講座教授
3	**介護福祉ITシステム** ――効率運営のための実践手引き	豊田雅章	株式会社大塚商会本部SI統括部長
4	**リハビリテーション・マネジメント** ――QOL向上のための哲学	竹内孝仁	国際医療福祉大学大学院教授／医師
5	**医療・介護福祉連携とチーム介護** ――全体最適への早道	苛原 実	医療法人社団実幸会いらはら診療所理事長・院長
6	**介護事故と安全管理** ――その現実と対策	小此木 清	弁護士法人龍馬 弁護士
7	**リーダーシップとメンバーシップ、モチベーション** ――成功する人材を輩出する現場づくりとその条件	宮野 茂	日本化薬メディカルケア株式会社代表取締役社長

※タイトル等は一部予告なく変更する可能性がございます。